K.G. りぶれっと No.10

災害救援の視点　――神戸市長田区から世界へ

野田正彰・青木しげゆき・伊佐秀夫・池田 清［著］

目　次

野田　このシンポジウムは、関西学院大学から国連防災会議にトライして開くことになりました。当初の企画は「ボランティアと震災」ということでしたが、一〇年経った今の時点で震災当時のボランティアというのは時間的にも、とても無理で、神戸市の長田区という地域を通して阪神・淡路大震災を考えてみようということにしました。ここで私達がしたいと思っていることは、青木さんが震災の中で住居を持てなかった人を通して震災とは何か、そして伊佐さんが孤独死を通して震災と社会はどうだったか、池田先生が長田区の人口も職も復興できないということはどういう問題があるのか。そういうことを通して主に海外の人達に、「豊かな国・日本」における災害というのは、実はこういう面があるのだということをきちんと討議していきたいと思っております。それではシンポジウムに入る前に主催者である関西学院大学の宮原浩二郎副学長から挨拶を頂きます。

宮原　関西学院大学の公開シンポジウムに、思っていた以上に多数参加いただきまして本当にうれしく思います。昨日で阪神・淡路大震災から一〇年になりました。おそらくこの中にもさまざまな思いを持ってこの日を迎えている方が多いと思います。いろんなところで言われていますけれども、確かに町や建物は復興し、だれから見ても震災の跡は、ほとんど消えました。けれども人の生活と言いますか、人間の復興がなされたかという点から考えると、いろいろなことをわれわれは考えなくてはならないと改めて認識しています。きょうのテーマで特に「孤独死」の問題と、人々が生きるに値する社会というか、生き甲斐を持てる社会を作るというようなことが根本問題としてあるのではないかと思います。そういう意味で大変お忙しいなか先生方に駆けつけていただき、こういうシンポジウムを持たせていただきました。もうひとつ、きのうの一月一七日に、関西学院大学に災害復興制度研究所を立ち上げることが出来ました。キャッチフレーズは使いたくないのですが、いろいろな形で、「人間の復興」、「人の復興」を考えて、これから地に足をつけて、腰を据えて研究・提言に向かいたいと思いますので、みなさんのご支援をお願いいたします。敢えてご紹介する必要もないと思いますが、野田先生は精神病理学者でいらっしゃいます。本日はそういった観点からコーディネートしていただきたいと思います。

野蛮の震災と文明の震災

文明がもたらした災害

野田　私は「野蛮の震災と文明の震災」ということで話をしたいと思います。今回の国連のシンポジウムは、もちろんスマトラ沖の大震災が予期して行われたわけではありませんが、ちょうど国連防災世界会議と合わせたかのように大きな災害が起きました。そして、初期にアメリカとか日本など各国が援助に駆けつけました。この一〇年の間の世界の大きな変化は、米ソの冷戦構造の解体のあと、戦争状態が蔓延しているということです。その中で、スマトラ沖地震が戦争以上の人類の大義という形で脚光を浴びております。しかし、私達には文明がこの災害をもたらしているという視点が欠けているのではないかと思います。例えば津波の警報のあり方についていろいろな国の人達が盛んにネットワーク云々ということを言っております。

しかし、考えてみてください。私は、奥尻の災害の時も思いましたが、古い社会の中では、お年寄りの伝承力というのは文明社会における情報の伝達よりも長いタイムスパンで培われてきました。津波の経験は、さまざまな形で伝達されてきたはずです。それ故に海岸部の人達は樹木の中に家を建てておりますし、そういった人達がこの観光とカネの世の中になって、海岸に出てきて自分たちの伝統的な文化が持っていたものを忘れてしまった。それは文明がもたらした災害であったと思います。今回の災害の救援に駆けつけたのが、ほとんど軍艦であり、軍用のヘリコプターです。私達は文明を作ってから数千年にわたっていながら、災害用の船も災害用のヘリコプターも持っておりません。大砲や機関銃を装備した軍艦などに弾を外して被災地へ行く。これは人類にとって恥ずべきことだと思います。

皮肉な言い方をすれば、災害用の船があり災害用のヘリコプターがあって、戦争をしたくなった時だけ大砲と機関銃を急遽付けるぐらいの方がまだまともな文明であります。しかし、私達は、こういった中に災害という大義に酔っております。ひとつのことをお伝えしたいのですが、一九二三年の関東大震災の時に、当時の新聞を読みますと、激しい日本の侵略の中、抗日運動が起こっていた中国の人達があらゆる援助を申し出ました。当時の『朝日新聞』を開くと、九月七日、震災後六日目の新聞ですが「シナ側の官民の同情極めて盛んで、個人として寄付を申し作るもの多く、日本公使に四万元（三〇万円）の義援金が届けられている」とあります。様々な学生運動も全部「日本を救え」と言う形で義援金を集めました。五年後には関東軍の謀略によって殺される張作霖も、九月四日に五〇万元の物資を送る体制を整えました。しかし、こういった災害の中で敵、味方が現状を忘れ、ということは何も今に始まったことではありません。しかし、その後日本の社会は関東大震災後、治安維持法を制定し、戦争国家になっていきました。私達は、災害ということの中で一時陶酔してはいけないと思います。

この一〇年間の中で本当に私達が望んだことは災害前の社会が持っていたさまざまな格差、矛盾が、ある意味、震災で活断層とよく言われますが、災害は私達の社会の活断層を目の前に見せてくれたようなところがあります。震災前に抑圧されていた人、所得が低かった人達。そういった人達を災害の救援はなんとか彼らが生きていけるように、社会的な信頼を取り戻すような形で救援されるのが震災の救援だと思います。しかし、一〇年経てば私達の社会は、震災前の格差を更に拡大し、やっと生きていた人達を追いつめるような面がたくさんあります。私達が、社会全体が、震災の中でこれほどまで傷ついた人達が、生き残った人間として少しでも後の人生を、希望の中で生きて行って欲しいと思ったにもかかわらず、現実の中ではそうでは無かったわけです。結局、災害は社会の強者がさらに開発に向けて進み、そして弱者が切り捨てられていくということを見せつけた面があります。私は、災害の直後に書いた岩波新書の『災害救援』の中でこんなことを書いています。

特殊日本の災害復興においては、被災者抜きで上からの復興計画を押しつけられてくるので、被災者は行政などの推進する復興課程の意思表示、態度決定が迫られる。それは震災の後、社会が被災者に強いる負荷である。

一〇年前に書いたことがそのまま一〇年後の今、同じ事を言わないといけないような社会というのは何ともむなしいかと思います。そして、これは日本だけの問題ではなくて、初めにも言いましたようにスマトラ島沖の地震災害が語っているのです。私達の文明が反省しないことです。文明の側の地震は、浮かれて不幸も開発経済の中に利用していこうかとするかのごとき面があります。しかし、敢えて「野蛮」の災害と言いましたけれども、伝統的な社会の中で生きていた人達の災害に対する様々なノウハウを踏みにじって文明の震災に変えていったものは何なのか、そう言う意味では災害や地震は、私達の文明の反省を促していると思います。今日は長田という地域にある程度絞りながら、阪神・淡路大震災は何だったのか、この一点をしっかりと見ることによって阪神・淡路大震災の一〇年全体を見てみようという趣旨でシンポジウムを進めていきたいと思います。

では、最初は「神戸の冬を支える会」の青木さんですが、ボランティアとは、本当に彼らのことだと思います。自分の意志で社会の矛盾をちゃんと見て、そこで何ができるかと考えて運動を起こしていった人達です。教会の関係の方とか、神戸市役所や県庁の人たちもいます。そういった人を含めて、自分の意志で矛盾した地域に視点をあてて取り組んだことは何だったのかをみなさんに知っていただきたい。それから伊佐さんはそちらにおられる額田勲先生たちと一緒になって第一、第七の避難所で診療所を開いてきました。私はその活動を見ていて、医療と切り離され、社会的ネットワークと切り離された中高年の、とりわけ男性たちが生きる希望を失っていくだろうなとは予測していたけれど、これほども多くの死者、孤独死が出ていくとは想像以上でした。そういった問題をずっと一〇年間、地道に訪問し続けながら追った伊佐先生の話を通して、私達が生きていく意思とは何なのか。震災の救援が成功するかどうかは、人間の信頼を取り戻せるような救援がされるかどうかにかかっていると思います。池田先生は、さまざまな数字・統計データを通しながら、インナーシティである神戸の市内に集中している矛盾を伝えていただくことになっております。それでは青木先生、お願いいたします。

被災地に見るホームレス救援の日々

青木　「神戸の冬を支える会」の青木と申します。よろしくお願いいたします。時間が限られておりますので、早速画面を見ていただきたいと思います。これはお手元の資料にもありますが、神戸市の野宿者の概数、私達が調べた数字をグラフ化したものです（グラフ1）。一九九九年からの資料しかありません。一番上の線が総数、二つ目が男性野宿者の概数、三つ目の線は二〇〇〇年のところで非常に山になっていますが、男女不明。と言いますのが、テントの中に寝ておられたりする場合は押しかけていって性別を確認する訳にもいきませんので、不明ということになっております。それから一番下の線が女性です。女性と不明の数については右側の方の軸を見ていただいたら二〇〇〇年の不明が最高で二九名。これを見ていただくと大体神戸の野宿者の概数です。

現在若干減る傾向にあるかなと思います。次が性別ではなく年齢別に見たところです（グラフ2）。左から二〇歳代、三〇歳代と順番になっています。右端が七〇歳代以上というふうに年齢で分けてみたグラフです。性別を分けていませんが、野宿者の大多数が男性であることを考えると、五〇歳代以上の男性がやはり多いということを記憶に留めておいていただくと、後で伊佐先生のご報告にあるアルコール依存症の方の年令構成のグラフとよく似たグラフになるかなと感じています。

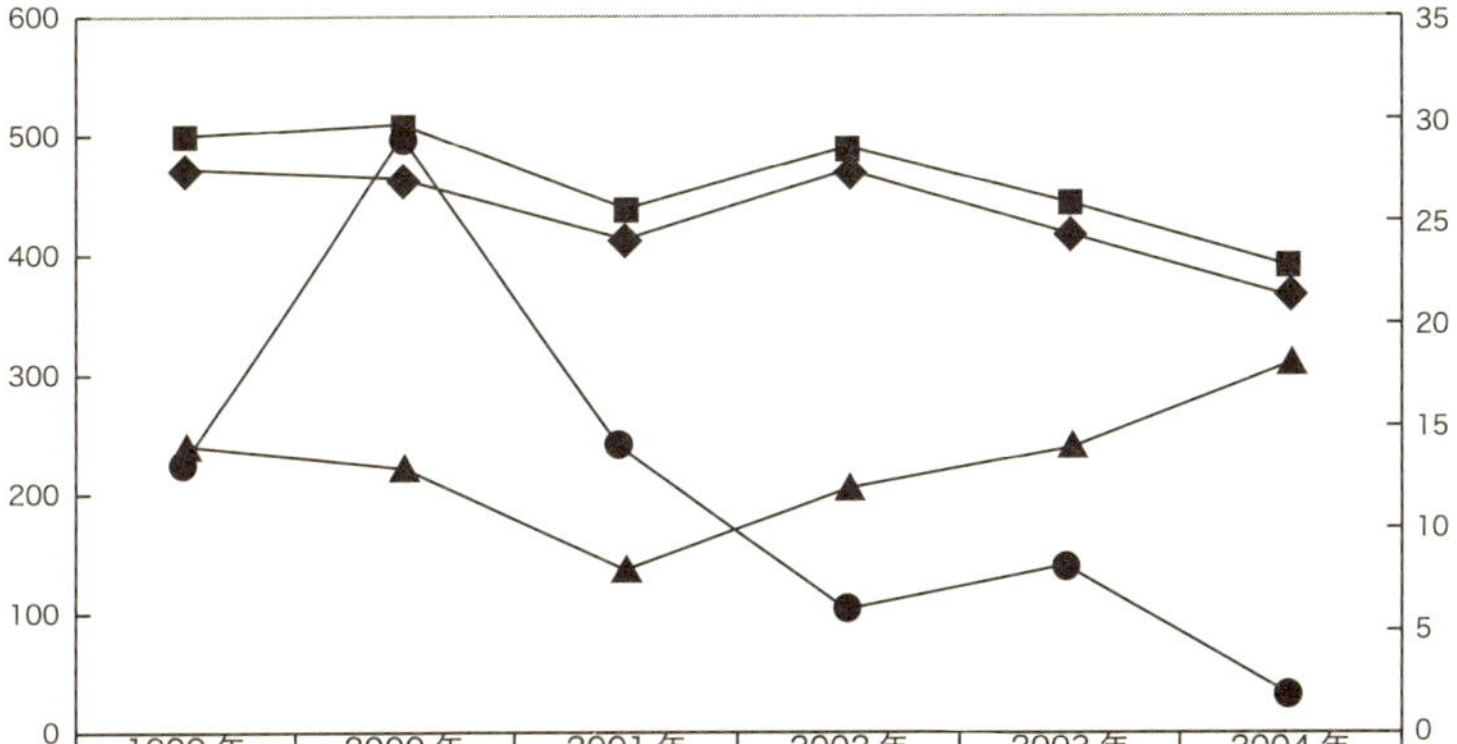

	1999年	2000年	2001年	2002年	2003年	2004年
合計	499	506	438	488	441	390
男性	472	464	416	470	419	370
女性	14	13	8	12	14	18
不明	13	29	14	6	8	2

グラフ１　神戸市内の野宿者の概数

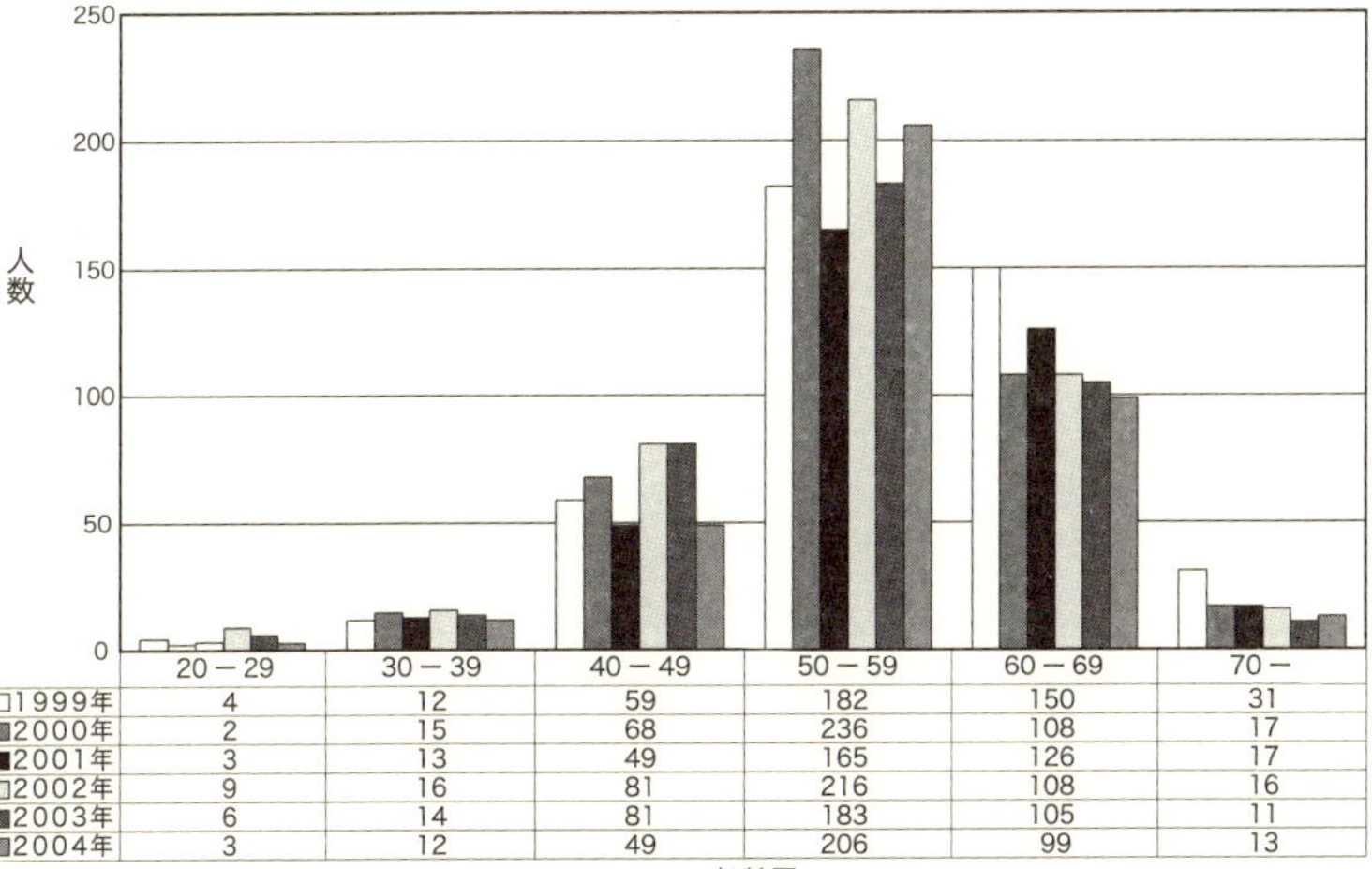

	20－29	30－39	40－49	50－59	60－69	70－
1999年	4	12	59	182	150	31
2000年	2	15	68	236	108	17
2001年	3	13	49	165	126	17
2002年	9	16	81	216	108	16
2003年	6	14	81	183	105	11
2004年	3	12	49	206	99	13

年齢層

グラフ２　神戸市内の野宿者の年齢別人数

それからこれもお手元の資料にありますが、野宿から居宅へのイメージチャート、これは神戸市の施策を使いながら、どういった形で野宿から脱却できるかというイメージをつかんでいただくために作ったものです。最初に野宿という状態があって、私達の活動として野宿されている場所へ夜訪問する「夜回り」をしますが、これは安否の確認の活動です。それから「炊き出し」があります。現在は、私達と連携して活動している団体が週三回、神戸市内でやっています。その時には生活相談、医療相談を受け付けます。医療相談は、週一回ボランティアでお医者さんに来ていただいています。それらがいわゆる野宿状態への私達が行っている支援活動です。更生援護相談所というのがあります。これは神戸市の施設です。一泊ずつの単泊の施設です。夕方五時、冬場は四時の受付で次の日の朝八時には出ていくという一泊だけ宿泊するという施設です。野宿状態で更生援護相談所に行って、その後例えば同じ建物の中に更生センターという生活保護の施設がありますが、そこへ入って三度の食事が提供される、住が提供される。あるいは野宿状態から病院へ行く、更生援護相談所から病院へ行く。そういう時に関わりとして必要なのが、例えば入院された時に病院訪問ということで、退院後の生活の仕方、ありかたを私達が知っている範囲内で情報を提供しています。

野宿から居宅へという過程に「ドヤ」というのがあります。神戸市の場合は、野宿状態での生活保護の適用は、全国的にもそうなのですが、あまり適用したがらない。適用しないわけではないという言い方が正確だと思いますが、適用しない方針のようです。だから私達も簡易宿泊所「ドヤ」に入って頂いて、そこを住居として生活保護の申請をするということで生活保護を受けるというのがあります。また、神戸市の施設で磯上荘、兵庫荘という簡易宿泊施設があります。これは四人部屋で磯上荘の場合、月六千円、兵

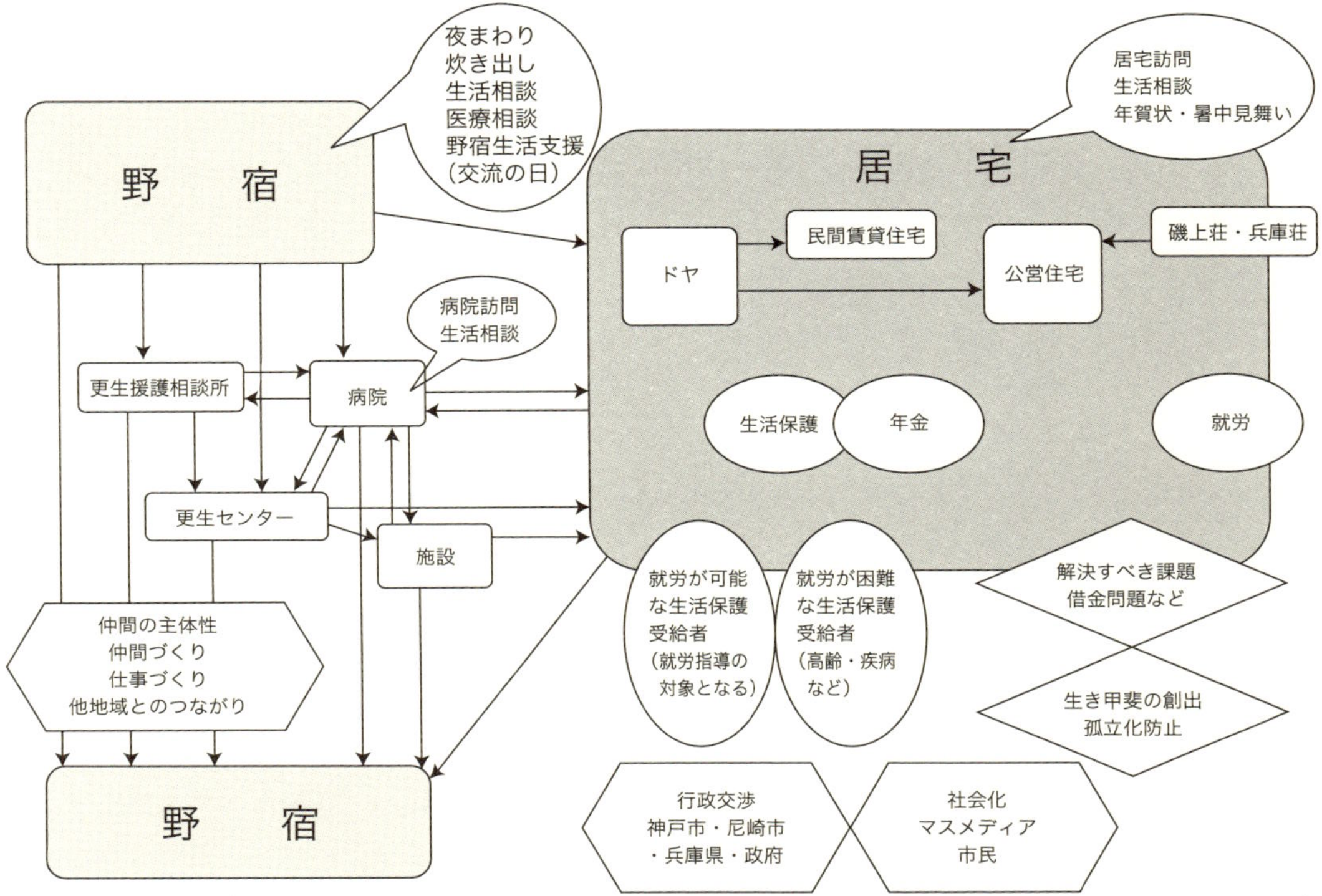

図１　野宿から居宅へ　イメージチャート

庫荘の場合月千五百円の家賃で宿泊ができます。ただし、ここは仕事のある人という条件がついている。ここで病気になった場合はどうするか。磯上荘や兵庫荘からの生活保護の申請は認めないということが神戸市の方針ということができます。野宿からどう脱却していくかと言ったときに、神戸市内で私達がやってきた中では、生活保護を受ける方法が、一番可能性が高いというか、一番柔軟な施策と考えております。

私達が関わった中で年間二五〇人近くの方が野宿から脱却されておりますが、そのほとんどが「ドヤ」などに入って生活保護を受けるということで野宿から脱却しています。もちろんその中には年金を受給される方もおられますし、受給権がありながら六五歳になっても野宿をしている。それは年金をどうやって受け取っていいかわからない。あるいは銀行の通帳を作れないから受け取れないということのようで、受給権を行使できないわけです。このような人に受給権を行使できるようにするためのお手伝いもしております。非常に簡単でしたが、これが野宿から居宅への支援活動として紹介させていただきました。

次は「夜回り」です。テントを張っておられるところに行って安否確認をする。また、「日中回り」といって昼間にテント生活をしているところを回っていくことがあります。震災の後、神戸から始まった「トライやる・ウィーク」の中学生と一緒にいくこともあります。JRの高架下にある更生援護相談所には、二段ベッドが約五〇基、約一〇〇人が宿泊出来ます。非常に狭いところに押し込まれているといった感じです。ここに夕方四時、五時から翌朝八時まではいることができるのですが、朝の八時になると外に出されます。ただし、病気の人、あるいは冬のものすごく寒い日とか台風などの時には終日いてもいいということになっています。この改善は震災後、「神戸の冬を支える会」が神戸市と交渉して実現しました。それまでは土砂降りの雨だろうと、どんなに寒い日でも外に出していたのではないかと推測しております。

磯上荘の居室は、四人部屋です。二段ベッドに加えて、ロッカーと共有の畳の間があります。浴室もあります。簡易宿泊所「ドヤ」の場合、三畳のスペースがありますが、ふとんを敷いたら、あと畳一枚分が見えるかどうかというような狭さです。「ドヤ」(写真1)は高架下ですから電車が通るたびに非常に大きな音がする。真ん中の部屋にはまったく光が射し込みません。神戸市内でも一番狭い「ドヤ」(写真2)の階段は、まるではしごのようです。神戸市内の「ドヤ」や施設を見ていただきました。

「神戸の冬を支える会」は、震災後全国から駆けつけた数多くのボランティアによって活動してきました。その中で震災以前から野宿生活を強いられてきた人達がたくさんおられることに私達は気づいた訳です。その中には震災直後、寝ていたところへビルが倒れてきて亡くなった方もおられます。あるいは被災者が避難していた小学校などの隣で餓死したホームレスの人達がいるということも分かりました。また、ボランティアの中には、私達の管理している避難所にはホームレスがいないといって威張る人もいました。公園に避難している被災者に物を届けに行った時に、「あの人らには物を届ける必要はないよ」と同じ公園で野宿している人を指さして言う。「なぜなら、彼らは元々の野宿者だから私達とは違う」と支援する必要がないと言いたいのでしょうね。

震災直後の九五年五月に神戸市が避難所調査をしました。その際に使われたマニュアルに「不適格者には出ていってもらうように指導する」と言う項目がありました。不適格者にホームレスとか罹災証明のない人と非常に具体的にあげた文書がありました。私達は、地震という自然な災害で家を失った人であろうと、リストラ、失業で家を失った人——私は社会的な災害で家を失った人と呼んでいますが、いずれも同じ被災者として捉えるべきであろうと考えております。自然災害であろうと社会的な災害であろうと、家

写真１　簡易宿泊所

写真２　簡易宿泊所

をなくすことによる痛みは同じであると考えております。震災があって私達のグループは誕生しましたが、この震災で私達が得てきたもの、本来あるべき姿をどうこれから全国に、あるいは世界に発信していくかが、今後問われているのかなと思っております。私自身は、阪神・淡路大震災が起きたとき神戸にいたわけではありません。ボランティアの一人として京都から毎週神戸に通ってきておりました。続けているうちに六年半前に神戸に移り住んで「神戸の冬を支える会」の活動をするようになりました。それまでは京都で自営業をしておりました。外から震災を見ることによって、なにか見えてきたものがあるのかなと私自身思っております。私も京都におって、何かせんとあかんなと思いながら神戸に通っていたわけですが、その活動を通じて自分自身の生き方が問われているのかなという思いがして、神戸に移り住みました。

被災者への支援策の中に仮設住宅や公営住宅に入れずに民間住宅にやむなく入った人に家賃補助として最高で最初の頃は三万円程度、現在は一万円を支給する制度がありますが、これは被災者支援策としてこれからも続けていく必要がある制度だと思います。これは被災者だけではなく、失業した人にも応用できる施策です。これは非常に優れた発想の制度であると考えています。この制度はもともと、公営住宅に当選した人や仮設住宅に入った人と民間賃貸住宅に入居した人たちとの整合性を保つため、との理由を聞いたことがあります。やはりそれは大事だなと思っています。リストラ、失業した人に応用すべき制度ではないだろうか。震災の時にできたのだから、リストラや失業した人にも出来るのではないかと素人くさい発想で訴え続けております。専門家は視点が凝り固まっていますが、素人は束縛されませんので自由な発想ができます。これはずーっと言い続けてきておりますが、今後も言い続けていきたいと思います。

それから神戸では、家を失ったかどうかのみで被災者か被災者でないかに分かれているというように考えます。被災者とは災害があった時点でその地域にいた人全てを被災者として認定するのが良いかどうか、分かりませんが、わたしは社会的災害による被災者も被災者として取り扱うべきであろう。例えば家を失った人、家族などの大切な人を失った人、仕事を失った人、という風にカテゴライズして、それぞれの被害に見合った支援策をつくるべきではないだろうか。こういったことを今後も「神戸の冬を支える会」の活動の中で訴え続けていくことが大事だと考えています。

この一〇年の間に、私達との関わりの中で約千人が野宿生活から脱却されています。まだまだ難しい問題が沢山あります。全国へと大きく広げるまでもなく、兵庫県の中でも神戸だけではなく、尼崎でも活動を始めておりますし、姫路の方でも、少しずつ活動を始めております。とにかく、野宿を望まない人が野宿しなくて良い社会を作るために、今後も活動を続けて行きたいと思います。ありがとうございました。

野田　どうもありがとうございました。青木さんは謙虚で、なぜこういう活動をするようになったか言われませんでしたが、私は大変高く評価しております。ボランティアはどこかに行ってご飯の炊き出しをするとか、そういう素人が駆けつけて一定の時間お手伝いするのがボランティアとかいうようなマスコミによって誘導された、ゆがんだイメージがあります。しかし、ボランティアとは、自分の自発意思で現実の社会で何が起こっているかを見て、そこに関わったことを社会に伝えていくことだと思います。青木さんらがやったことは、みんなが炊き出しとかなんとか言っている中で、落ちこぼれている人達の中で、「なぜ彼らが避難所に入れないのか」を考え続けながらここまできたわけです。彼らには、この社会が見えていく中で、苦しんでいる人と一緒に悲しむ、同時にこの一〇年のあいだにボランティアが忘れてしまった「怒り」を共有していくという面があったと思います。過ぎた事ですが、阪神・淡路大震災のボランティアが、自分たちの見た矛盾をネットワークで集めて、きちんと社会に訴えていたら世の中はもう少し変わっていたと思います。

しかし、物の見事にマスコミと行政に踊らされて社会の補完物にさせられていった。青木さんの提起は、一〇年間が逆の道を歩んだことを伝えていると思います。私は、彼の運動が阪神・淡路大震災で本来のあるべきボランティアだと思いまして、朝日の社会福祉賞などに何度も推薦しましたが、「ボランティア団体はいっぱいある」とか言われて、全然相手にしてくれませんでした。海外のＪＶＣ（日本国際ボランティアセンター）なんかを推薦した時は、すぐに受賞させましたが、（マスコミには）社会の矛盾を見続けたということを評価する力はなかったと思います。

次にお話しいただく伊佐さんは、医師という職業を通しながら社会と関わってこられており、これが本当のボランティアの一つだと思います。さっきから言っているようにボランティアとは奉仕とか言う意味ではなく、自分の意志で社会を見つけていった一〇年間の歩みを聞いていただきたいと思います。

仮設住宅、復興住宅での被災者医療の一〇年 ——減らない孤独死をどうするのか

伊佐　私に与えられたテーマは阪神・淡路大震災後、被災者が仮設住宅から復興住宅へ移り住んで行く

中で、誰にも看取られず亡くなるという、いわゆる孤独死の実態について明らかにすることだと考えています。これから話すことでは、前半は仮設住宅の中で起きた孤独死について、後半は復興住宅の孤独死について、私の調べたことを報告したいと思います。阪神・淡路大震災が起きたあと、神戸市を中心にたくさんの仮設住宅が建てられました。私達は、九五年夏に神戸市の西神第一仮設住宅内に、仮設診療所「クリニック希望」を開設しました。医療設備としては非常に簡易なもので、簡易レントゲン撮影装置、心電図、血球計算装置のみでした。スタッフは医師、私一名と看護師三名、医療事務二名でスタートしました。このような仮設診療所は兵庫県内には九カ所設置されました。

診療を開始しておよそ一カ月過ぎたころ、西神第七仮設住宅内で五〇歳代と六〇歳代の男性の孤独死が発見されました。診療所からわずかに離れたところにいた住民で、彼らの仮設診療所への受診歴はありません。仮設住宅のために出来た診療所に病気がありながら受診をしない住民がいるということに本当に驚きを感じましたし、深刻にその事態を受けとめました。何が問題なのか必ず調べないといけないと、この時感じました。診療所を開設してその秋から孤独死が発生した。その仮設住宅の住民の健康状態を把握しなければいけないということで看護師三名が診療の合間をぬって、住宅を一軒一軒訪問し、健康状態を把握していきました。聞き取りによる調査です。調査対象者は、西神第一、第七仮設住宅とその周辺、合計で三〇〇〇戸あったと思います。調査には約三カ月間を要しました。

孤独死の多数を占める原因はアルコール依存症

私達はパソコンを使うということを知りませんでしたので、住宅の配置図を手書きで作って情報を色分

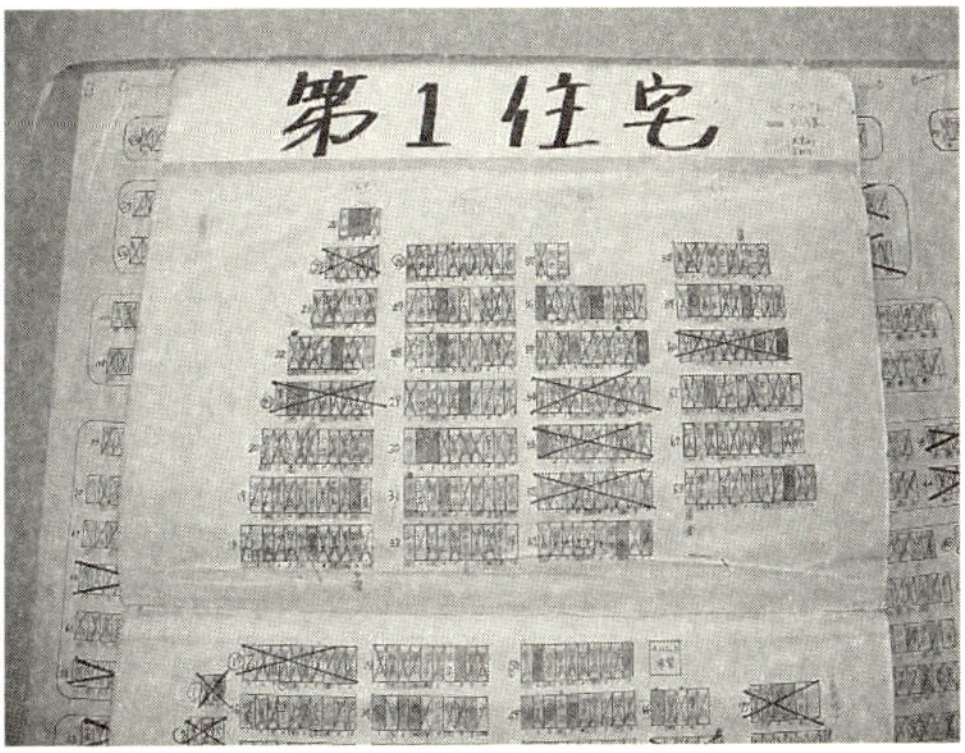

写真１　仮設住宅の配置図

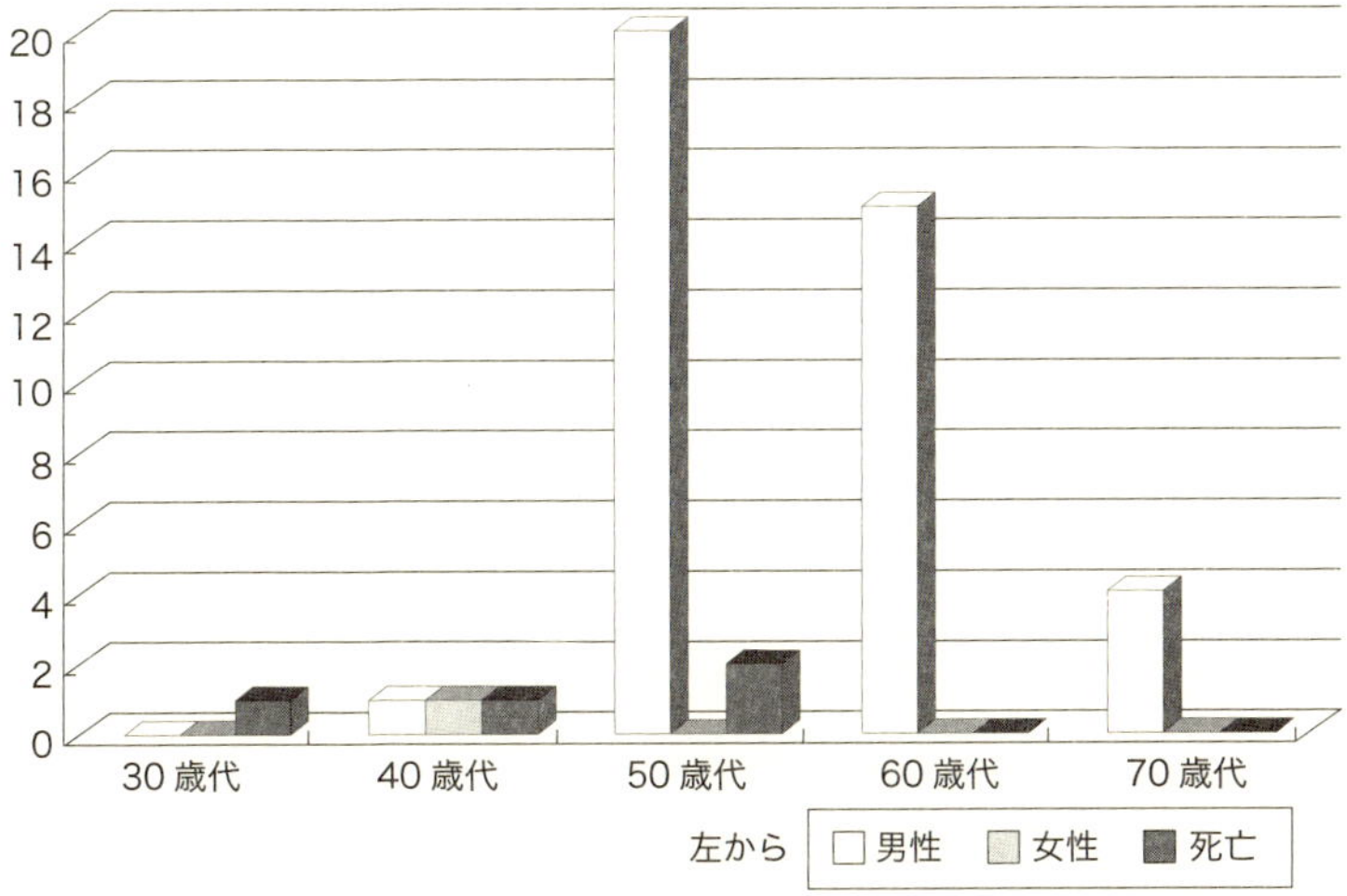

グラフ１　クリニック希望が関わったアルコール依存症
総数45名（1997年3月末）

けして書き込んでいきました（写真1）。実際にちょっとアップして見ますと、個人名の上に独り暮らしは青色、病気もしくは高齢者はオレンジ色という風に塗り分けて、一目で要医療者かどうかが分かることを重点的に考えました。調査の中から重要な発見をしました。高齢者の一般的な疾患である例えば高血圧、脳血管障害、がん、慢性呼吸器疾患をチェックしていく中で、五〇歳、六〇歳代の男性が多数を占めるアルコール依存症四五名が浮かび上がってきました（グラフ1）。九月に発見された孤独死した二人もお酒飲みである。それからアルコール依存症の独り暮らしの中年男性が孤独死の危険にさらされているのではないかと推察しました。我々の考えた結論を確かめるために九五年一一月一七日に近隣の仮設住宅の自治会長、行政担当者を交えて「孤独死をなくすために」と題したシンポジウムを開催しました。私達の結論と近隣自治会長の意見は一致しました。

震災翌年の四月末、震災から約一年経った段階の仮設住宅で孤独死した六五名の年齢分布があります（グラフ2）。その特徴は五〇歳代を頂点として六〇歳、四〇歳代の男性が多い。日本人の平均的な病死年齢の分布とは異なり、より若い男性に偏っています。一方で、仮設住宅内には孤独死ではない病死の方も、一旦仮設住宅に入ったけれども何かの病気があって亡くなられた方もいたわけです。そこで仮設住宅の孤独死が極めて年齢的に特異な分布を示していますので、それ以外の人達について調べてみました。

仮設住民の病死の年齢分布を示したグラフがありますが、七〇歳代を頂点として八〇歳代が続く、いわゆる高齢者の病死のパターンをとっているのではないかと思います。明らかに孤独死の年齢分布とは異なっていると思います。それから以前私がいた神戸市内の「みどり病院」で同時期の死亡者の年齢分布について調べてみました。七〇歳代を頂点として、八〇歳代が続き、孤独死を除く仮設住民の病死のデータ

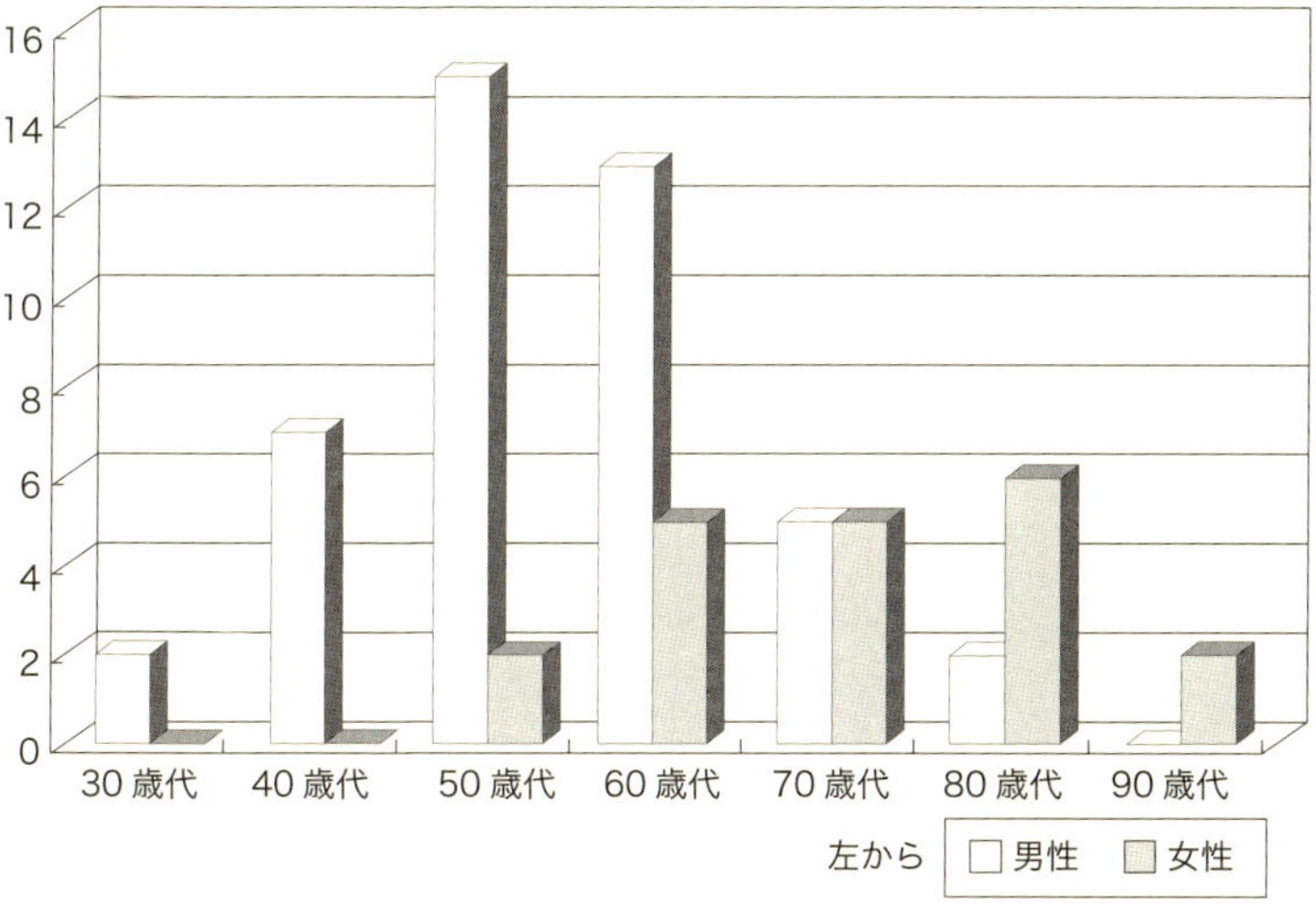

グラフ２　初期の仮設住宅での孤独死年齢分布（総数 65 名）

（震災後〜 1996 年四月末）

と類似していると思います。仮設住宅の入居者がそろそろ転居していく時期まで（九五年三月から四年間）に合計で二三六名の仮設住宅内の孤独死者がカウントされたわけですけれども、初期の六五名の年齢分布と比較すると、初期は五〇歳代がピークで、後半になると六〇歳代の方がピークなのですが、中年男性が多数を占めていることは変わりません（グラフ３）。仮設住民の病死の年齢分布や仮設住宅近隣の民間病院の病死年齢分布は七〇歳代、八〇歳代の高齢者が多数を占めるという共通点がありました。孤独死群を除けば、仮設住民の死亡年齢分布は日本人の平均的な死亡年齢分布と異ならないと言えると思います。

一方、仮設住宅の孤独死群は初期から一貫して五〇歳、六〇歳代の男性が多数を占め、私達が西神第一、第七仮設住宅を中心に抽出したアルコール依存症の多数が五〇歳、六〇歳代の男性であったということは偶然の一致だったとは考えていません。最

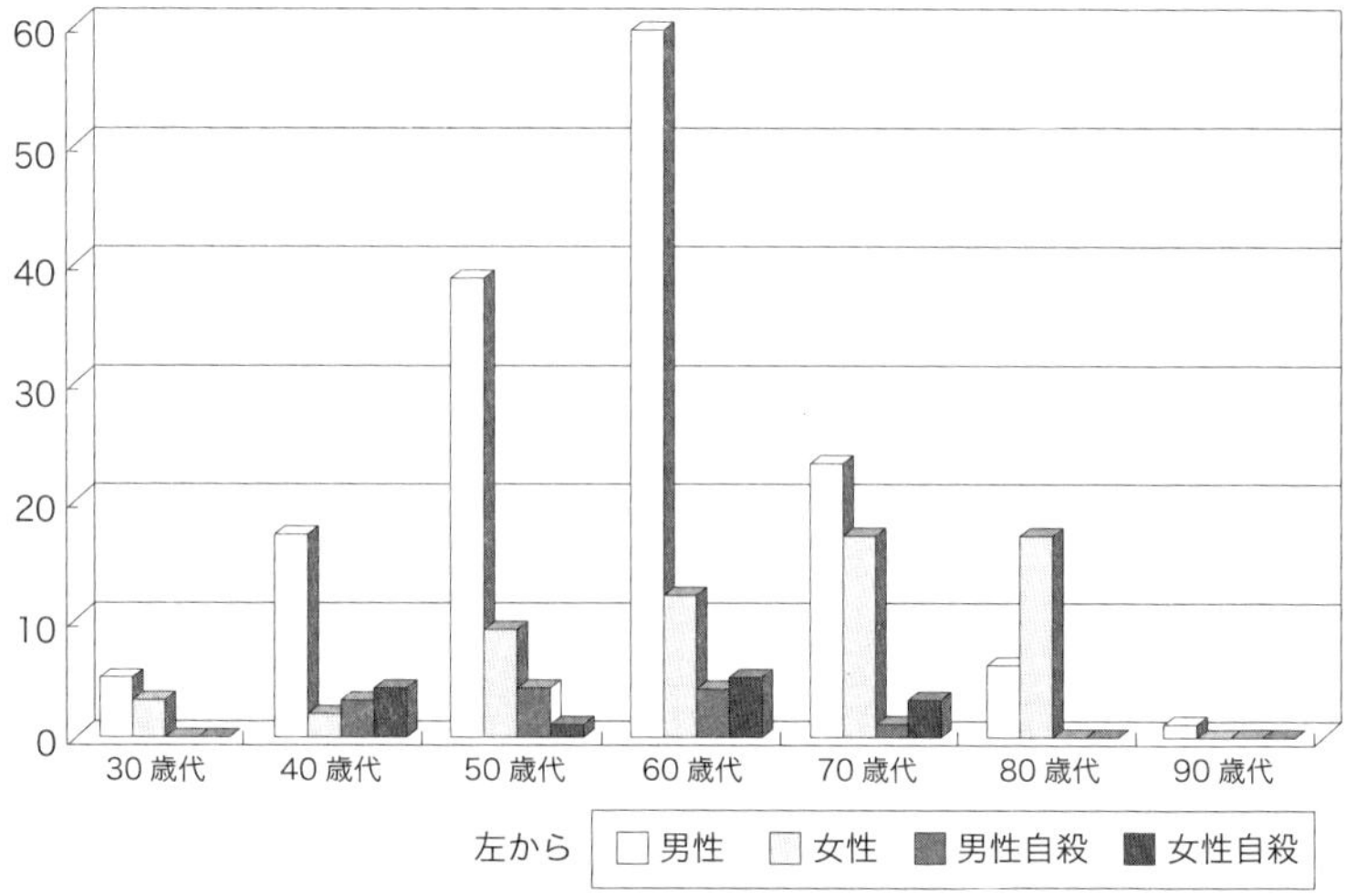

グラフ３　仮設住宅の孤独死（総数 236 名）
（1995 年 3 月から 4 年間）

初にお示ししました四五名のアルコール依存症がその後どうなったかということですが、五〇歳代の方、それから六〇歳代の方が孤独死をしたわけではありません。また、一人ひとりどのような原因で亡くなったかということは私達には分かりません。しかし、仮設住宅の孤独死では五〇歳、六〇歳代の男性が多数を占める原因はアルコール依存症だった可能性が高いということをこの表も結論していると思います（グラフ４）。

「孤独死」と「独居死」

この後、被災者は仮設住宅から復興住宅へ移動したわけです。復興住宅の独り暮らしが誰にも知られずに亡くなった場合、私は「孤独死」だと思うのですが、「独居死」という形で兵庫県警、あるいは一部の報道機関が表現しています（グラフ５）。その年齢分布と性別の特徴は、六〇歳代が頂点で七〇歳代、五〇歳代の順で、男性が多いの

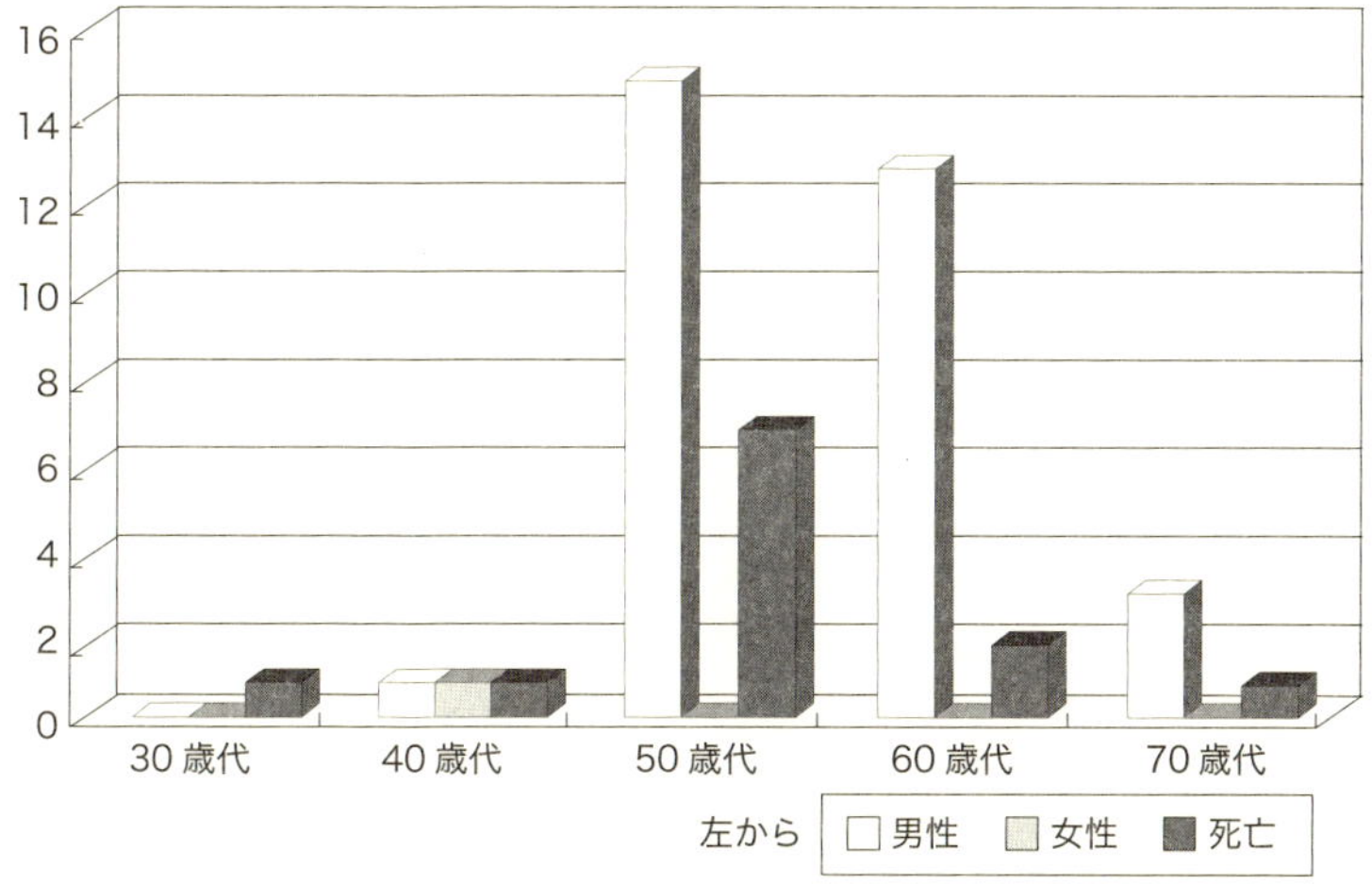

グラフ４　クリニック希望が関わったアルコール依存症の追跡調査

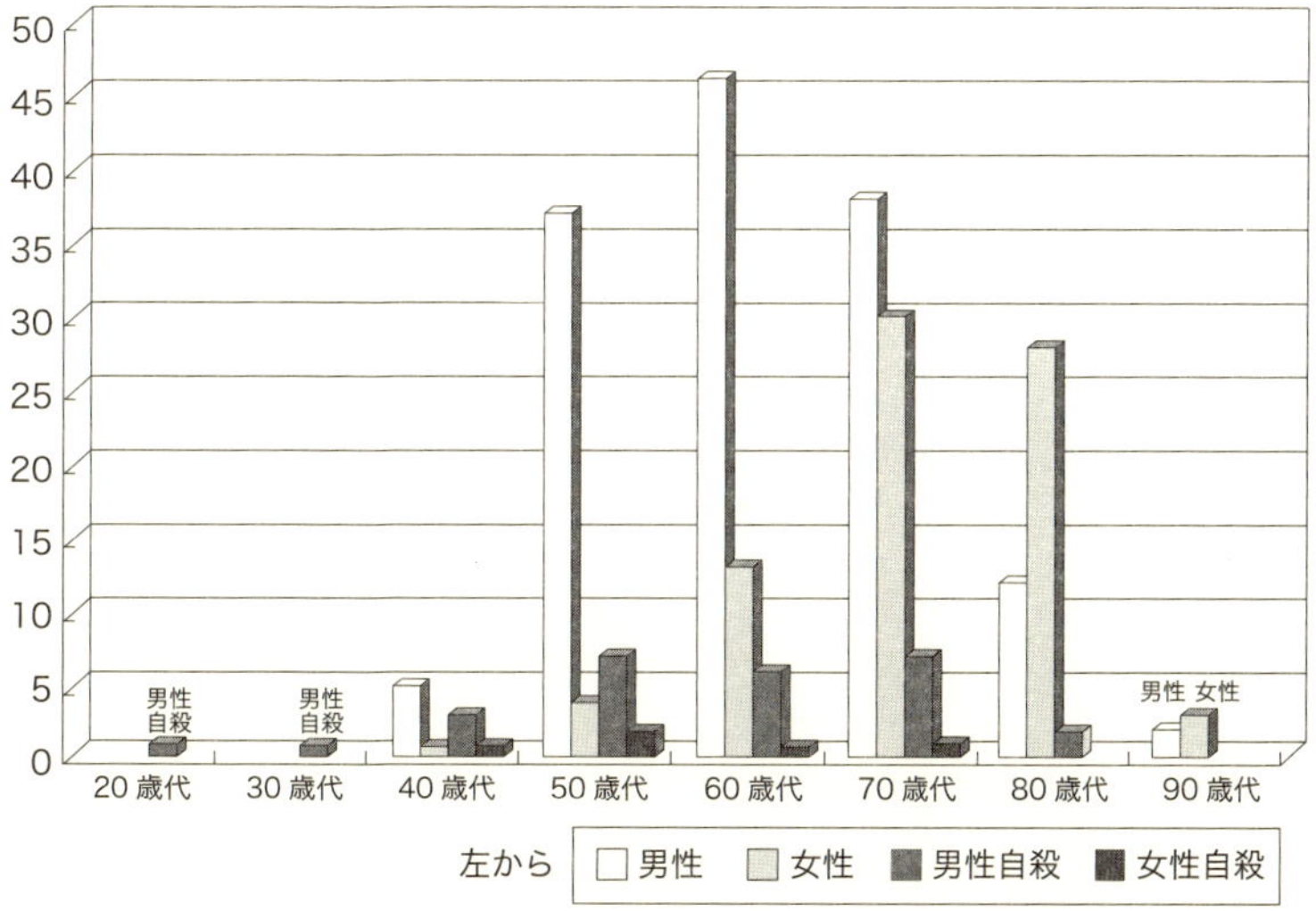

グラフ５　2000 年から４年間の復興住宅の孤独死（総数 251 名）

です。仮設住宅時代の孤独死と比べると復興住宅の独居死は、六〇歳代の男性がピークを占めているという仮設住宅と類似性があり、五〇歳と七〇歳代の男性の人数が仮設住宅の時代と入れ替わっているだけのグラフです。そこで少し乱暴ですが、仮設住宅の孤独死と復興住宅の孤独死は年齢分布が似ているので、自殺者を除いて重ね合わせてみました。両者のデータには五年間の時間的な隔たりがありますが、六〇歳と五〇歳代の男性が多いことは共通しています。復興住宅の独居死も一般的な日本人の病死の年齢分布とは明らかに異なっています。私は、仮設住宅の孤独死と復興住宅の独居死の年齢分布が似ているのと、それらと日本人の一般的な病死の年齢分布があまりにも異なる点に注目しました。もしかしたら復興住宅の独居死の原因は仮設住宅の時代と変わりはないのではないかという疑問です。

仮設住宅の時のように一軒一軒調べることは出来ませんでしたが、それまでの経験から独居死の起こる可能性が一番あるのはＨＡＴ神戸（東部新都心）だと思いましたので、一〇月中ごろから約八週間に渡って毎週土曜日、調査することにしました。ＨＡＴ神戸には千戸ずつ灘の浜と脇の浜という大きな復興住宅群があるのですが、自治会の代表者とか老人会の方に実状を尋ねました。そこからはなかなか孤独死をするような人達の群のイメージが湧きませんでした。しかし、生活援助員（ＬＳＡ）とか、周辺にいらっしゃる住民でおしゃべり好きでお世話好きな、いわゆるおばちゃんにお話を聞くと、どうもやっぱり独り暮らしの男性で、明らかに人と交わらない、恐らくアルコール依存症を抱えているんじゃないかなという方の存在が分かってきました。

（スライドに映った）この方は、少し年を取って見えるのですが、僕よりは若いんです。五二歳の男性で、たまたまここのすぐ近くにあるコンビニエンス・ストアに買い物に来ていた男性です。その男性の歩き方がおかしくて、酔っている状態ではないのですが、どうも下肢の障害を抱えているのではないかと思うような歩き方をしていました。たまたまそれを見かけましたから声をかけて、「何か病気があるんじゃないの？」と聞いたら、とりあえず部屋に行って話ができるということになりました。この方の部屋に上がって話をうかがうと、独り暮らしでアルコール依存症だなということが一目で分かりました。足下がふらついて、まっすぐに歩けないのがお酒のせいだと思っていなくて、私が「お酒のせいではないの？」と聞くと、本人はそのとき初めてアルコールのせいなのかという顔をしていました。この方は次の週に再訪問したところ、その時はアルコールを全部片づけて、もう一回まっすぐ歩きたいからアルコールをやめると言って頑張っていました。その時の印象は、とても表情が硬く、唾液なんかを分泌され、よだれをだらだら流している状態で、少し禁断症状が出ているのではないかなという感じを受けました。医療機関にかかっていました。

次の男性は自称七〇歳といっていましたが、どうも六〇代ですね。生活援助員から紹介して頂いた方ですが、部屋の畳には失禁の跡がありまして、実際に彼を診ることができたのですが、触診で肝臓がへその上で触れました。医学的に正常な場合はそんなところで触れることはありません。腫れた肝臓をちょっと圧迫すると、痛みを訴えていました。明らかにアルコール性の肝障害がある方ですが、医療機関にはかかっていません。このことは私の仮設診療所の経験から考えると、仮設住宅で孤独死したアルコール依存症と、今お見せした二人の男性はまったく同じ条件の人達です。彼らは復興住宅の孤独死危険群と私は考えています。

最後に今回調査した孤独死危険群の映像を紹介して終わりたいと思います。これからお見せする映像は個人用の撮影装置で撮ったのですが、個人のプライバシーもあるので、専門の業者さんに頼んで、その方の顔にはぼかしを入れさせてもらっています。先ほど紹介した二番目の男性は、いろんな話をしてくれました。部屋にはアルコールが散乱している、ほとんど掃除をしていないような状況でした。それから彼の肝臓には少し触れているのですが、へそのすぐ上でかなり硬い肝臓に触れます。この方は最初に紹介した五二歳の男性で、ちょっと支えないと歩けない。思考はしっかりしているのですが、とてもこれ以上独りで生活するのは無理なのではないかという感じでした。

野田　どうもありがとうございました。伊佐さんの紹介もちょっとしておきます。伊佐さんは、会場に来ておられる額田勲先生の病院にお勤めだったのですが、伊佐さんも含めてみなさんは、私が見ている限り、当初、仮設にたくさんの被災者が入られて、自分の身近な医療から切り離されました。障害があったり、高齢者が医療を受ける機会がなくなったりということで、仮設に診療所が開設されました。その時は仮設に入居して来た人たちはどんな問題を抱えているかは見えていなかったと思います。個人的な動機としては、伊佐さんは震災の直後に病院にいて無力だったと感じ、その無力感を噛みしめながら何かできないかと言うことで、自分を変えていったドクターだと思います。診療所を作る中で、そして診療所で仕事をする中で、被災者にどんなしわ寄せがあるのか、つまり震災が人間の生きる意欲をどんなに打ちのめし、そして打ちのめされている人達は、実は戦後の日本の社会が人間として全体的に生きることが出来なかった男達、とりわけ中年の男達が役割の中に生きていた人達が、自分の役割を失った時、生きる意欲を失うということをひとつひとつ発見していった一〇年だったろうと思います。震災の中で何人かの人は自分の生き方を変えました。伊佐さんもそうだったと思います。しかし、例えば、この会場へ来る途中に神戸市立中央市民病院があります。あそこの医師達は「震災の時何も出来なかった」とは口では言いましたが、私はここに勤めた医師で自分の人生を変えた医者はあまり知りません。伊佐さんの今回の話は震災を通して、日本の医療にどういう問題があったのか、亡くなっていった人と生き残った人が一〇年間対話を続けたひとつの姿だと思います。それでは池田さんお願いします。

被災地神戸の生活経済苦を考える
――激甚被災地長田区の失われた一〇年

池田　私に与えられたテーマは「被災地は再生したのか」ということですが、私は、この一〇年、主に兵庫県の震災復興研究センターという文字通りボランティアの政策NGO に属して関わってきました。ここでは被災地と被災住民にとって必要なその時々の実践的な政策課題を社会に訴えてきたわけです。そのひとつは震災直後、被災者の住宅再建や生活再建のためにそれぞれ五〇〇万円と三五〇万円の公的補償が必要だということを大胆に訴えました。今でこそ生活や住宅の個人補償が天の声になっていますが、その当時はわが国では制度化されていなかった。

また、震災直後に被災地で重要なのは神戸空港ということで、神戸市長が「復興の希望の星は神戸空港だ」と、避難所に多くの人々が溢れかえっている時に言ったわけです。例えば今、新潟中越地震で、「新潟中越地震の復興は新潟空港をつくることだ」と県知事が言ったり、長岡市長が言ったりしたら、みなさんどう思われるでしょうか。空港というのは一兆円事業である。関西空港もあり、大阪空港もあるのに、なぜ狭い大阪湾で三つも空港が必要なのかということです。そして財政的にも採算性がとれない、あるいはニアミスで安全が非常に問題がある。埋め立てが海流を変え、海洋汚染、環境上に大きな問題を持つという政策を提起して、神戸空港のずさんな計画の問題点を明らかにしてきたわけです。

あるいは災害公営住宅で家賃を滞納せざるをえない、失業や病気で、そのような人々が兵庫県や神戸市から立ち退きを迫られている。果たしてそれが正当なものなのかということに対しても政策提起をしてきました。又、中小零細企業の人々が災害援護資金など震災直後に借りたお金が返済期日が迫る。不況のため今、どうしても払えない。立ち直るまで返済猶予できないのか、というような救済的な政策も提起しました。そのように私は震災一〇年に関わってきました。

今日、私が訴えたいことは「被災地は再生したのか」ということを三点に分けて、みなさんと一緒に考えていきたいと思います。

第一は、「被災地は復興したのかどうか」ということです。この国際シンポジウムに来て国連防災世界会議ニュース第一号が目に入りました。「神戸で今日開幕。兵庫行動枠組み採択へ」ということであります。その中で井戸敏三兵庫県知事はこういうことを訴えられていました。「被災地は、人口も震災前を上回るなど創造的復興に向けた取り組みは着実に進んでいる」。つまり、被災地のトップ、あるいは神戸市のトップも被災地は着実に復興しているんだということを国内外に発信する場として、この国際シンポジウムが位置付けられていると思います。私は本当に被災地は復興したのか？　むしろ復興していないということを国内外に発信すべきではないか、そういうことを第一番に検証したいということです。

第二は、であるならば、なぜ被災地は復興しなかったのか。その原因は何なのか？　これを問うことが重要だと思います。そのことを問うことは、なぜ阪神・淡路大震災でかくも甚大な被害を出したのか、その原因を問うことでもあるわけです。このことが非常に重要で、このことこそ発信すべきであるという立場であります。

第三は原因を追及するだけではなくて、今何が求められているのか、あるいは私達は今何をなすべきなのか、今後の課題は何なのか。ということを教訓として訴えなければならないと思うのです。私のレジュメの図表、一番目から一三番目までの具体的な数字、事実でもって、まず第一の兵庫県・神戸市が、被災自治体が言う「復興した」ということが果たしてそうなのかということを検証したいと思います。

兵庫県、神戸市の言い分は人口が回復している、あるいは港湾とかビルとか、道路が建設されたということで「復興した」と言っている。しかし、その中身をよく見なければならないと思います。表1、神戸市の人口をご覧下さい。九〇年、九五年、二〇〇〇年なのですが、神戸市は確かに九五年が大幅に人口が減ったわけですが、二〇〇〇年は国勢調査でも九〇年以上の人口を回復している。ところがその中身を見ると、激震インナー五区（長田、兵庫、中央、灘、須磨）、いわゆるインナーシティと言われる地域ですが、ここが主に被災したところです。郊外というのは西区、北区、垂水区など相対的に被災は免れた地域です。これを混同してはならないです。つまり激震五区がどうなったのかというところで人口が回復したのか、回復していないかということを見るべきであって、被災していないところの人口を含めて全体として人口は回復したというのはごまかしです。

表1　神戸市の人口

	1990 年	1995 年	2000 年
神戸市	1,477,410 人	1.423,792 人	1,493,398 人
インナー５区	694,477 人	573,792 人	614,917 人
郊外４区	782,631 人	850,438 人	878,481 人

資料:「国勢調査』より作成。

つまり激震五区で取ると、九〇年、六九万人で、九五年は五七万人で、大幅に一五万人ほど減ったんですが、二〇〇〇年は六一万人で、九〇年の震災前に比べて回復していない、八万人ほど減少している。郊外四区が震災後、増えており、これを足して、全体としてアップしている。こういうカラクリですね。

もうひとつは失業率の問題で、人間にとって働くことはすごく大事なことですが、表2のように失業率は、国全体に比べたら二〇〇〇年は国内が四・七％で、神戸市の平均が六・四％。しかし、中身を見るとインナー五区はやはり七・六％と非常に高くなっている。あるいは総人口に占める六五歳以上の割合である高齢化率でもそういうことが言えます。神戸市は二〇〇〇年の高齢化率は一六・九％ですが、インナー五区は二四・七％（表3）。もっと細かく見ると災害復興公営住宅の高齢化率は五〇％近いですね。そういう本質的な矛盾を見ると、決して復興しているとは言い切れない問題がある。

また、図1のように兵庫県内の自殺者数は、九七年九八七人が一気に一四五二人に増えて、それがいっこうに下がらない。これが常態になっている。この中でも長田区とか、兵庫区とか灘区とか、ちょうど激震地域で一番被災の大きかったところの自殺率が兵庫県、あるいは国の平均よりも大幅に上回っている。こういう矛盾というのは解決されていない。ということは、復興しているとは言えないと思います。

人口問題、失業率の問題で、復興の指標を見てきましたが、では、ビルはどんど

表２　国内と神戸市の失業率

	1990 年	1995 年	2000 年
国内	2.1	3.2	4.7
神戸市	3.9	6.8	6.4
インナー５区	4.7	8.3	7.6
郊外４区	3.2	5.9	5.6

資料：「国勢調査」より作成。　（単位：％）

表３　神戸市の区別高齢化率比較

	1990 年	1995 年	2000 年
神戸市	11.5	13.5	16.9
インナー５区	14.1	16.0	24.7
郊外４区	9.4	12.3	15.0

資料：「国勢調査」より作成。　（単位：％）

ん建っているではないか。ビルがどんどん建って、震災直後の悲惨な風景は何ら見られないといわれる。ところがその中身ですね。図2を見てください。これは国内の主要都市におけるオフィス空き室率の推移です。オフィスというのは大都市の経済活動のメルクマールです。空室率が神戸は東京、横浜、名古屋、京都、大阪と比べて、ダントツに高いわけです。つまりビルは建っているのですが、中身が伴っていない。稼働していないんです。ここ（シンポジウムが開かれた神戸国際会議場）はポートアイランドですね。ガントリー・クレーンといって貨物を積むクレーンがありますが、ここの稼働率は、一〇％台ですね。現実に神戸市の公共ガントリー・クレーンのうち、一〇基は休眠状態です。貨物量は震災前の七割台ですね。そういう状態であるわけで、外面はきらびやかで、飾り立てていて復興しているように見えるのだが、ひとつ皮をむいて中身を見れば、非常に惨たんたるものだと言えると思います。

もうひとつは、私は経済が専門なのですが、いま、神戸市も兵庫県も「経済はなんとか八割復興した」とよく言っています。「ああ八割まで良く来たな」と言われるのですが、私は、それは嘘だと思います。なぜ嘘かというと八割の中身ですが、大型小売店は震災前に比べて二〇％売り上げ減ですね。あるいは先ほど言いました港の貨物量は七割台から八割台。大きな企業、大型の百貨店とか小売業、あるいは港湾などを見れば確かに八割なのだが、地域に密着し、そこでしか営業

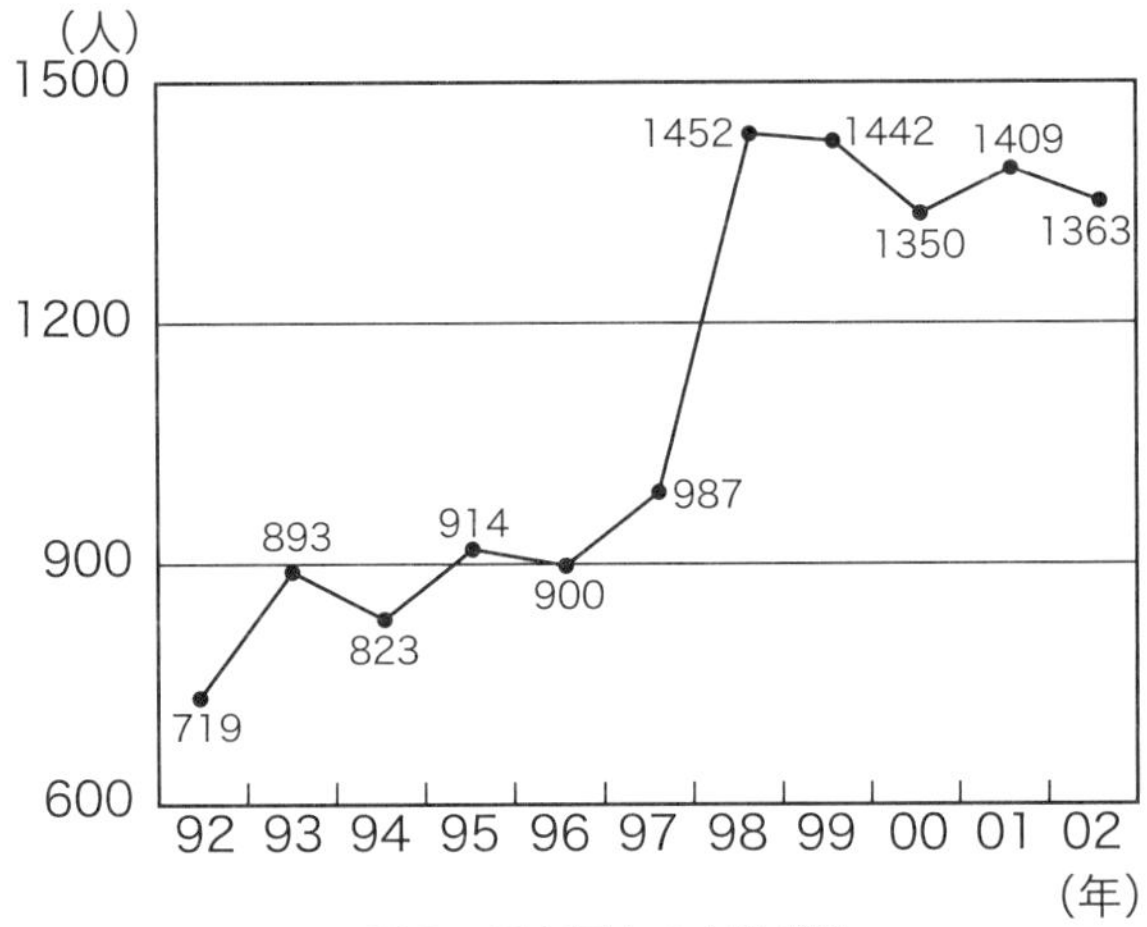

図 1　兵庫県内の自殺者数

出所：『神戸新聞』2003 年 7 月 29 日　数字は兵庫県警調べ

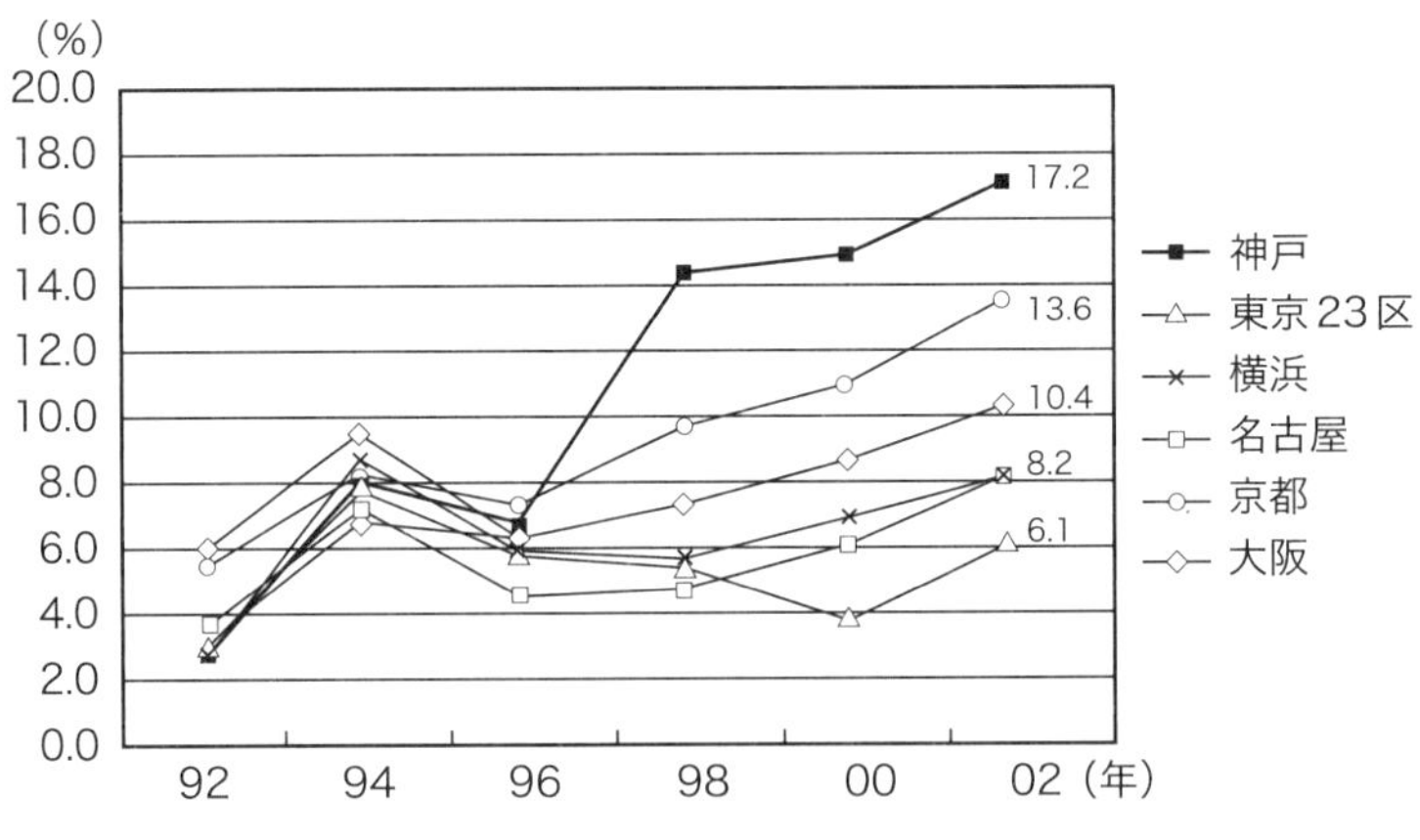

図 2　国内主要都市におけるオフィス空室率の推移

出所：神戸市・平成 15 年度「復興の総括・検証」報告書
(生駒シービーリチャードエリス（株）調べ)

し生活できない人達は、私は五割から六割も復興していないと見ています。表4を見てください。神戸市の商業施設なのですが、市全体で一〇四ある小売市場が六九ですね。営業店舗では二四三六が一三九四と約半数、中でも長田区小売市場が一四から七にまで減っている。営業店舗が三六四から一五六と二分の一以下なんですね。ここを見ないとダメです。八割復興、八割復興と言っていますが、この指標を見る限り五割から六割ですね。

人口の回復を見ても、例えば長田区の鷹取、御菅、御蔵だとかは新聞・ニュースでも明らかですが、住宅の再建率は五割から六割台。物事は平均で見ては、矛盾や本質が見えないですね。

なぜ復興したと言わなければならないのか

以上の例を挙げても明らかなように、問題は今、復興はしていないんだが、なぜ改めて兵庫県、神戸市は復興したと言わなければならないのかということです。その理由は二つあると思います。ひとつは復興したということになると、この一〇年間の復興施策、特別な被災地に対する復興施策は必要なくなるわけです。例えば復興基金によって、先ほど青木さんが言われた民間家賃補助とか、中小零細企業が借りている利子補給とか、さまざまな固定資産税の減免措置とか、復興公営住宅の減免措置、家賃の補助とか、さまざまなことがなされてきた。これは今の政策動向をみていくと打ち切られる。もうひとつは、もし、一〇年たっても復興しなかったとすれば、復興の責任主体である兵庫県、神戸市の責任問題が生じるわけです。なぜ復興しなかったのか。どこに問題があったのか。復興の計画主体が、その計画内容が問題であったから復興しなかったのではないか。これが世論になるとトップの責任問題が問われます。これが一番恐

表４　神戸市の商業施設

	商店街		小売市場		営業店舗		コンビニ等	
	93年	99年	93年	99年	93年	99年	93年	99年
神戸市	260	234	104	69	2,436	1,394	429	562
東灘区	9	10	18	7	424	176	51	70
灘区	34	24	14	6	358	200	40	53
中央区	85	81	9	9	322	216	67	98
兵庫区	34	28	15	12	417	245	36	56
長田区	33	29	14	7	364	156	42	44
須磨区	22	22	12	8	200	130	37	46
垂水区	21	20	14	13	235	180	49	72
北区	15	13	5	5	76	57	60	64
西区	7	7	3	2	40	34	47	59

資料：「神戸市中小企業指導センター」1993年、99年調査より作成。（小売市場は小売商業調整特別措置法で定めた「50平方メートル未満の生鮮食品などを扱う店舗が10店舗以上集まった場所」を対象としている）

れられている。

私は今、日本の不況だとか、日本の戦後史を考えてみると、責任とか問題の所在が明らかにならなかったことが、事態を悪化させているのではないかと思っています。特に明らかにならさないような力がマスメディアとか、あるいは権力の情報コントロールを含めてなされてきたのではないかと思っています。朝日新聞によれば今回のＮＨＫの従軍慰安婦の真実の報道が、特定の政治家の圧力で改ざんされて、我々はＮＨＫ報道の従軍慰安婦の問題を見ていたのですね。改ざんされ、削除された内容は、従軍慰安婦の悲惨な事件の責任とは何か。昭和天皇の責任の問題も明らかにそこでは述べられていた。また、日本の侵略戦争の本質問題も述べられていた。それがカットさせられた。今回の復興キャンペーンも、ある意味で震災一〇年の「歴史改ざん」、つまり、多くの被災者の人間復興ができないのに、復興したとのキャンペーンが繰り広げられているのではないかと思わざるを得ない。であるが故に私達が正しい教訓を汲まなければ、同じような過ち、同じような悲劇、同じような被災者の問題が、日本、あるいは国際的にも繰り広げられるのではないかと、本来そういう重みを持った震災一〇年の復興検証であるべきはずです。

では二番目に移りますが、被災地は、なぜ復興しなかったのかという問題です。これは、ふたつ問題があると思います。ひとつは被災者の心、気持ち、あるいは願いというものが復興政策に反映されなかったということです。被災者の本当の願いや心は何だったのか。これは家族や財産、友人など様々なものを失って、生きる意欲、希望をなくしたときに、私が一番ひっかかった言葉が今でも忘れないのですが、「あの地震の時に死んでおけばよかった、生きていくのが辛い」というのですね。ああ生きていて良かったと思わずに、死んでいればよかったというような現実が被災地に出現したのです。

被災者の多くが願ったことは、元住んでいたところに戻って暮らしを再建したいということです。この暮らしを再建するという意味がなかなか官僚、あるいは一部の研究者には分からなかった。暮らしを再建するというのは長年住み慣れたところで元の人との関係を取り戻したいということなんですね。一人では生きていけない。ひとりになったときに人間は判断を誤るというか、やはり希望を失う。人と人との元のつながりを取り戻したい。そこで暮らしがある。そこに生活がある、まちがある。復興政策にここが見えなかった。だから避難所、仮設住宅、災害公営住宅という抽選で入居するから、住んでいた町のコミュニティーが破壊されて、先ほど伊佐先生、青木さんが言われたようなさまざまな問題が起きたわけです。

もうひとつの被災者の願いとは、自立して生活・暮らしを再建したいという願いであります。人々は二重ローンしてまでも、頑張ろうという風に震災直後立ち上がった。意気込みがあったのです。しかし、フォローがなかった。生活の再建、住宅の再建に、なんら公的な援助がなかった。ここ（会場のこと）に阪神・淡路大震災教訓集というのがあって、なにが教訓かということを書いている。これに書いてある教訓は「自分たちの命や町は自分たちで守る。防災は自助努力でやれ」ということであります。例えば、高齢者や障害者、あるいは二重ローンを抱えている人、さまざまなハンディキャップを持っている人が自助で立ち上がろうとしたけど、立ち上がれない。だからこそ公助、国家、あるいは自治体が必要となるのです。もともと生活基盤が破壊されているのに、生活基盤があればこそ自助自立ができるのに、その生活基盤が自助で回復できないから公助で基盤を固めて、何とかやろうという意欲を取り戻すために公助があるべきです。

ところが震災復興では逆立ちした議論になっています。自助でやれ、自助でやれ、すべて自助で。そして自助、共助、公助の連携した取り組みが必要と言われてもどう連携するか。立ち上がれなかったら連携のしようがない。こいうことがこの震災一〇年のキャンペーンに並べられている教訓集ですね。こういう教訓で、日本国内で、あるいは世界で、震災が起きた時、スマトラでもありましたが、きょうも午前中、津波をどう防ぐかというのがスマトラ沖地震に関連して議論された。津波をどう防ぐかという議論より、今一番大事なのは津波で被災した二〇〇万、三〇〇万といわれる被災者がマラリアの伝染病で非常に危険な状態にある、そこをどう救うかということが議論にはならない。今後津波をどう防ぐか、阪神・淡路大震災の被災地でも震災直後どういうことが起きたか。われわれは公的補償が必要だと言ったら、兵庫県知事は共助制度が必要だという。それはこれからのことなのですね。震災直後、被災した人が困っているから、どうするのかというのが被災自治体トップの実践すべきことなのに、一〇年後、二〇年後にどうなるかわからない共助制度がこれから必要だというのです。今起きている問題をどう解決するかということをネグレクトして問題をぼやかしている。問題をすり替えているわけですね。

もうひとつは、なぜ復興しなかったのか。これは「創造的復興」とよく言われますが、復旧よりも復興ということなのですね。これが兵庫県知事や被災自治体の市長、国もそれを豪語したわけです。例えば元兵庫県知事は「長田なんかに人口は戻らないという声が切実にあるが、それでは本当に元の状態に戻していいのですか？　高齢者の集団を長田に作って一体どうするのか」ということを言ってはばからない。被災者の個々の願いは元の状態に戻りたいのです。ところが、被災者を救済しなければならない立場にいるトップは、そのことを「元に戻ってどうするんだ」という。神戸市長も復旧よりも復興ということで、神戸空港をつくるという。これが希望の星なんですね。被災者をどう救済するのかということよりも、空港を作ることが復興で最も重要だということにつながるのです。ここに私は根本的に復興が出来なかった問題があると思う。

実は先日、新潟中越地震の被災地である山古志村の長島村長の話を聞きました。彼はどういうことを言うかというと、仮設住宅に入る前に山古志村の村民のすべて二一八三人にアンケートを取りました。「これからあなたはどのような生活をしたいか、どこで暮らしたいか」と聞きました。九一・七％の村民は元の村に戻り、生活、暮らしを再建したいということでした。村長は「私は、村民と共に絶対に山古志村に戻りたい」と言った。その時に、その中身にすごく大事なメッセージがあった。つまり元の暮らしに戻るということは、村民が山古志村で生きてきて、継承してきた生活、文化、伝統を守っていくことなのです。棚田があり、錦鯉が泳ぎ、お祭りがある。その中で我々の生活文化というのは、豪雪地帯ですから、助け合い、励まし合い、雪下ろしでも村民全員で協力して雪下ろしをしないと村は成り立っていかない。励まし合い、支え合い、信頼してきた人々の絆、この文化を取り戻したいんだということなんですね。箱物で住宅があれば、それで復旧・復興したというのではなくて、生活、文化、絆というものを取り戻すことこそが復興なんです。ここが見えなかった、無視された。こういうことが、どの社会、どこの国、どの地域でも重要ではないかと感激したものです。

時間もないので三番目ですが、そうするなら我々はどうすべきか。はっきり言って幕引きは許してはダメだということです。復興基金でやっと家賃補助とか中小零細企業の融資の延滞措置や利子補給で息をついたところなのに、幕引きされるとこれらがぶった切られてしまう。そして少数の弱者は棄てさられていきます。生活、暮らしを守るために絶対に幕引きはさせてはならないということですね。幕引きの裏返しとして神戸空港に一兆円も使っている。こういうものはストップさせるべきです。あるいは中央市民病院も今はポートアイランドにありますが、市民から遠い所に移転される計画です。これもやめさせるべきです。まだ言い足りないところはみなさんとのご意見の交流で言いたいと思います。

野田　池田先生は、大変迫力があり、思いがこもっていました。池田先生は、今は大学の先生になっていますけど、震災時、神戸市役所の港湾局の職員で神戸市役所にずっと勤めておられた方です。三人の方がそれぞれの視点で話されましたが、共通していたことは被災した人間が阪神、淡路にたくさんおられました。ある人は、空の向こうに虹を見ようと言ったと思います。神戸空港であったり、ルミナリエなど。虹に向かって歩いていくことがエネルギーだというごまかしを言いました。しかし、その幻想を幻想のまま生きられる少数の人達がいます。そこで利益を得られる人もいます。しかし、池田さんが伝えたことは、向こうのかなたに虹を見るのではなく、横にいる生きている人を見ようと言ったのだと思います。横に生きている人の瞳の中に、表情の中にあなたが生きていることの意味がありますということを彼は感じ取って、それを伝えようとされたのだと思います。行政の基本は幻想に向かってみんな歩けって言うことではなく、私達は一緒に歩く。もし、たまには虹を見たいと言っても、それは手をつないで虹を見るということではなかったかと思います。それではこれから皆様から質問や意見を承りたいと思います。

会場　神戸市議のHと申します。一〇年近く、地元の被災地の取材を続けて来て、社会的弱者、災害弱者という言葉を私達も使っていたのですが、今回の国連防災世界会議を通じて、アジアの方々とも接してみて、私は「貧困」ということを改めて感じました。野田先生にうかがいたいのですが、このいわば、経済が中心になって走ってきた国の中で貧困という二文字が私達の脳裏から消えて、災害の中でそれがどうしてクローズアップされなかったのか。これは自分の反省でもあるのですが、やっぱり弱者としての形で非常にあいまいなことですましてきている部分があるのかなという感じがしております。そのあたり、もし、お感じになっていることが何かありましたら、お聞かせください。

野田　いや、私は貧困ということが頭から消えたとはとても思わないのですが、むしろ、貧困はずっとあります。例えば伊佐さんのお話のように、「貧困」、具体的に、「死」、「自殺」とか「孤独死」に至らせている問題は、貧困という生活をしているが、そこに生きる力も奪われている人達がいるんだということですね。ひとつひとつ訪問しながら知っていったことだと思います。自分は生きる意味がない。だから酒を飲んでそのうちに弱っていって、それで本望なんだと言う人に対して、単に「元気に生きなさいよ」とか、「食べ物を持ってきました」ということでは通じない。全体的な、お金で支えると同時に、その人の生きていることとの意味を社会の側がくみ取る力がなければならないということを気付いていったのだと思う。だから今、スマトラ沖地震での貧困という問題は、先進国との格差の中での貧困が露呈されている訳です。国際社会ができることは冒頭に言いましたが、あなたたちの文化の中に意味があるんだと言うことを、進んでいると思っている側がいかにして発見できるかということではないでしょうか。私は貧困がなくなったのではなくて、貧困に対してカネをまけばいいということではない。貧困にさせている側の方の反省が必要だという意味で私達はこの一〇年があるんじゃないかと思っている。ちょっと認識がずれているから、私の方がダメなのかもしれませんが、一応思ったことです。

会場　朝日新聞のAです。青木さんに質問ですが、復興公営住宅家賃滞納の問題を一年間取材をしてきて、このあいだ西宮で一年八カ月見つからなかった孤独死の人も滞納があって、強制執行にかけられた。私が取材している範囲では、やっぱり女性は一時保護所がなくて、復興住宅を家賃滞納で追い出されると、行き場がなくて困っているという話も時々聞きます。青木さんが回っていて、そういう復興住宅の家賃滞納から追い出しをかけられてホームレスになっている人の実体は把握されているのかなと思いまして、増えているとか減っているとかありましたら教えてください。

青木　増えているか減っているかは、数値的に統計を取っている訳ではありませんので、一概には言えないのですが、確かに仮設住宅とか復興住宅を経由して路上に出てこられた方の相談もあります。路上に行く直前に相談に来られる方もおられます。ですから復興住宅から家賃滞納で具体的に追い出された方が全くないわけではない。確かに聞く話ではありますが、私たちが把握している範囲では二五〇〇人余りの相談の中に数件ある程度です。でも、私達のようなところへ相談に来られる方でしたら、なんとかなる。むしろ相談できない方の受け皿としてどうやって構築していくかがむしろ課題ではないかと思います。とことんまで行き詰まるまえに相談する所はないのか。それがある意味、コミュニティーであったりするのではないかなと思います。これは直接私が聞いた話ではないのですが、不動産屋さんと話をすると、復興住宅から出て、民間の住宅を借りられた方が夜逃げして、部屋の片づけの手伝いに行ったことがありますが、小学生のランドセルがあった。そうした事実がやっぱり起きている。これは多分神戸だけではないと思うんです。それは金銭的な貧困だけではなくて、そういった相談ができる人間関係を持っているかどうかという貧困さを含めて私達は考えていく必要があると思います。

野田　青木さんの個人紹介をあまりしませんでしたが、青木さんは、震災前までは京都のパン屋さんだったんです。それから後、彼はパンを焼くのはやめたかもしれませんが、阪神でパンより温かいものを配っているということです。青木さんだけではありませんが、県や市役所の職員のなかにも、同じように夜回りをされている方もおられることでしょう。目が配られていないところに目を配るというボランティアをずっと続けて来られたと思います。

会場　神戸市議のKです。池田先生に若干意見と質問をさせて頂きたいのですが、同じような思いで池田さんの話を聞かせていただきました。震災から一〇年経ちましたが、災害は今も続いていると私も思っています。市会議員をしているといろいろな相談事があるのですが、最近一番多いのは生活保護の申請です。その申請手続きの援助をしてほしいということです。二番目が自己破産、三番目が市営住宅に何とか入れて欲しい。こんなことを私に言われてもムリなんですけれども、そういう相談です。その次は就職先の紹介です。しかも高齢者だけではなく、若い人からも相談があります。これが今の神戸の現状ではないかと思います。したがって震災から一〇年経ったが、復興どころかまだ復旧もしていないというのが現実だと思います。

それで質問ですが、池田さんのレジュメにはあるのですが、時間がなくて池田さんが言われなかった、このレジュメの中には書かれているのですが、私も災害からの復旧ということを考えた場合に、一番重要なのは、「住宅」、「住まい」だと思います。ところが今回の災害対策は、解体撤去費にはいわゆる公費負担が出ました。早く撤去したら、公からカネが出ますよ、こう言われて、本当はちょっと修繕したり、少し科学的な方法で支えれば、まだまだ住めた住宅をこぞって潰してしまった。これが結果として、コミュニティーをつぶして、避難所から仮設、そして復興住宅という流れの復興施策になってしまった。本当はそこに例えば住宅の修繕に公費負担をするとか、あるいは一括したお金を渡して、それぞれが自分の生活再建を考えてもらうとか、そういう創造的な、ある意味では、役所が言う創造的ではなく、個人個人が自分の頭を使って自分の生活を再建することができる、そういう手法を取るべきだったと思っています。

それからもうひとつは神戸市民がある意味で非常に元気が出たのは神戸空港の是非を問う住民投票運動だったと思います。五人に一人、最終的には四人に一人の市民が、わざわざ印鑑を押したり、拇印を押したりして署名をした。大都市でこれだけの数のみなさんがそういう運動に参加するということは非常に大きかったと思います。私も市会議員として非常に申し訳ないのですが、結果としては、それを実現することができなかった。しかし、住民投票が実現していれば神戸はもっと元気のいい、市民の横のつながりが大きく取れ、そういう自治体に変えることができたのではないかと思って、今も非常に残念でならないのです。その辺についての見解をお聞かせ頂きたいと思います。

池田　住宅の修繕には公費がでないというのは同感で、これを出させる制度や仕組みを被災自治体から条例化すべきですよね。残念ながら神戸市というのは住民の声を十分聞かないし、神戸空港も住民が決めておれば、こんな悲惨なことにならなかったと思います。だからその点については、おっしゃるとおりです。もうひとつは住まい、生活保護、自己破産、あるいは仕事の件なのですが、住宅は生活基盤ですから重要な問題ですが、これは台湾の地震後の調査をしてわかったのですが、地震が起きれば、企業が倒産してサラリーマンは職を失うことになるんですね。ここで、台湾では国や自治体が職業訓練とか技術指導をする。失業者の手に職をつけさせるわけです。そして自立の基盤を作っていく。つまり住と職を確保させるんです。これで立ち上がれる。ところが神戸では今、生活保護が増えている。これは神戸市の財政の超過負担、持ち出しもあるから財政的にも大変なんですね。台湾のように失業者に技術指導とか職業指導、職業訓練をするとか、あるいは企業に雇用のインセンティブを与える仕組みを作れば、何とか自立できる。それをネグレクトしてきた。このため震災後大きな問題になった。従ってこういうことを震災の政策として確立させなくてはなりません。

この震災で、国や自治体に、本当の意味での災害思想があったのかということです。明治維新後、近代以降の災害思想は棄民政策ですね。関東大震災でも、様々な災害でも、特に社会的弱者は、棄民されてきました。本当の人権だとか救済するという立場に立っていなかった。今回、問われているのはその問題ではないか。新しい災害思想をこの被災地から発信しなければ、絶対に同じような棄民政策が国内、世界のいたる所で行われるのではないか。思想をつくらないかぎり、同じような過ちを繰り返します。

野田 どうぞ。続けてください。後ろの方。

会場 新潟の民間シンクタンクから参りました。少し、孤独死の関係で伊佐先生にお尋ねします。今日は本当にアルコール依存症と孤独死、あるいは独居死との関係についてすごく明快に教えていただきましてありがとうございます。私はまだ中越地震の仮設の状況を完全にはフォローしていないんですが、このアルコール依存症というのは、被災経験によってアルコールに頼るようになってしまったと考えるのか、あるいはすでにアルコールにかなり依存性が高かった人達が進行するというように考えるのかという問題があります。仮設住宅という非常に困難な状況のなかで、アルコール依存症の予防や治療にはどういうことが求められるのか、お尋ねします。

伊佐 とても難しい問題です。孤独死した人達はアルコール依存症の人が多くて、その人達がもともとアルコール依存症だったのかどうかは証明することはできませんが、お酒は好きだったと思います。だけど幾つかのファクターがあって、仮設住宅に住み、仕事がないとか、外に出ることもできないとか、そういう状況がいくつか重なれば、今まで働いていた人も、お酒を飲む時間が増えていって本当のアルコール依存症に陥っていく。先ほどの話にもありましたが、貧困の問題なんです。僕が復興住宅の中で見ていて、この人に職業があったら八時間働くから、その間は飲まない。昼働いていたら毎晩元気に飲める。しかし、働かないから朝から晩まで飲む。命を縮めてしまうんです。そういう側面が強いと思います。新潟中越で起こるかどうかは分かりませんが、孤独死するような人達を見ていて一番大切なのは、仲間にしてもらっているかどうかだと思います。仮設住宅で、独り暮らしであろうとその人をちゃんと誰かが見ているという人間的なつながりがあれば、酒飲みでも別に孤独死することはないと思います。

野田　アルコール依存症はあらゆるデータが物語っています。例えば閉山ですね。筑豊の炭鉱はきつい仕事ですからお酒をたくさん飲んでいます。そこには肝臓を悪くしている人が一般より多くいます。しかし、これがアルコール中毒として社会的に問題になるのは閉山後です。飲んでも明日働かないといけないと思っていた人達が働く場所を失うと、朝から飲むようになって、一気に症状が出てきます。これは市民社会でも同じです。酒癖が悪くて問題を起こしながらも、まああやっている人がいます。そのような人は奥さんに逃げられたら後は一気に悪くなる。あるいは会社から「もう来てくれるな」と言われて職を失ったら一気に症状が顕在化します。人生はもういいんだ、酒で毎日眠れればいいんだ、と思い始めた時にこういう問題は一気に顕在化するということです。

問題はアルコール中毒の対策と言う意味ではなくて、あなたが生きてくれていることがいいのだよ、という強いメッセージを本人にどれだけ伝えられるかです。周りの社会が、あんたは働く力がたいしてないからダメだとか、無用になったということしか送れないような、人間を見る目がない社会があるかぎり、孤独死は、災害後、増え続けると思います。では最後に三人の方から憤懣を聞き、終わりたいと思います。

青木　この一〇年間、特に神戸に移り住んで六年半の中でずっと気にしてきたことは、野宿の問題でした。この二、三年前くらいから、都市が持っている貧困問題というふうに捉え直しをしております。つまり、私達は、野宿になってから相談してくださいというのではなく、野宿になる前にぜひ相談してほしい。むしろ、野宿になってから野宿を抜け出すエネルギーと野宿にならないでそのまま生活を続けるエネルギーを比べた場合、社会的なコスト、あるいは本人が負担するであろう精神的なコストを考えると、はるかに安くつくはずです。私達に望まれているものとして、ずっと私自身が言い続けているのは、人の痛みを分かることはできないけれど、痛みについて想像することはできる。私達としては想像力をたくましくする必要があるのではないでしょうか。

よく野宿しているおっちゃんらと話をすると「お前らに野宿しているモンの痛み、わからんやろう」と良く言われました。「私は野宿をしたことがないので、わかりません。ただ、そのしんどさは想像できる」と言ったものです。そこで正直になれるかどうかです。例えば野宿したこともないのに、その辛さが分かるというようなそんなうそをつくことはないはずで、正直に、「私にはわからん。ただ、そのしんどさは想像はできる」ということは伝え続けています。つまり災害の中でボランティア、あるいは行政、自治体の職員が、仕事としていろんな支援をされてきたと思いますが、想像力があったかどうかが問われているのではないかと思います。スマトラ沖の津波に対しても、今後どういった支援が必要なのかということを、私達はここにいてどこまで想像できるかということが問われていると感じております。

伊佐　私は隣にいらっしゃる青木さんと二週間ほど前、勉強会で席を同じにしたことがありますが、青木さんが話されていることは「ホームレス」のことですが、僕はずっとこの一〇年間「ホープレス」を見てきたと思っています。そういう人達を突き止めたときに、もし、その人達に希望があれば立ち直ることができますよ。きっかけがあるのになと思うのですが、希望を私が与えることは出来ません。今の私がどうこうというわけではありませんが、社会の中に能力のある者がどんどん財を獲得していくシステムも必要ですが、能力がなくてもそこそこの生活するお金が手に入るような優しい社会、そういうものを築いて頂きたいと望みます。

池田　あと二点だけ言わせてください。一点目は表5、表6、表7の問題です。阪神・淡路大震災の復旧に国は五兆円ほど投じましたが、生活再建には四分の一でした。兵庫県も四兆円あまり震災の復興に投じましたが、生活救援は一二%でした。神戸市も二兆七千億円ほど投じましたが、生活支援は六・六%でした。この数字で表されているようなことをなぜ市民、県民に公開し、アカウンタビリティー、説明責任を果たさないのか。市民、県民はわからないのですね。主権在民だとか、民主主義だとか言うけど、我々の一生懸命働いた税金が我々の暮らしに役にたっているのか。スウェーデンは高福祉、高負担だと言われる。税金が四〇%、四五%も取られるけど、それは老後の保障、医療保障として返ってくるから、八〇%、九〇%の投票率で、日本よりも棄権率が少ないですね。

あれで国家、社会はうまく機能している。日本の場合はそうはならない。主権在民と言いながら、このようなことを明らかにしないですね。そのことが問題をウヤムヤにして、また同じ過ちが繰り返されると思います。二点目は災害支援で大事なのは、被災者の声や願い、ニーズがやはり自治体や国の政策に反映できるシステムをどう作るのか。そして我々の税が本当に必要なところに行き渡り、施策としてできるような行財政のシステムとか地方自治のシステムとかを作っていく。そして、その芽は神戸の中で言えば、神戸空港の住民投票運動にも表れているように、草の根において、新しい芽は持ってきている。でも、国家とか自治体というのは旧態依然、保守的な性格、これは日本近代以来の体質は変わっていない。それを打ち破るだけの市民の力量が不十分であるということは確認し認めざるをえない。それを打開するにはどうしたらいいのかということがテーマだというふうに私は思いました。以上です。

表５　阪神・淡路大震災の国の予算措置（94-99 年度）

	億円	%	内訳
1. 生活再建の施策	12,700	25.2	
(1) 生活支援	1,400	2.7	災害弔慰金・災害援護資金
(2) 住宅対策	9,000	17.9	仮設住宅、公的住宅など
(3) 保健・医療・福祉	800	1.6	
(4) 文教施設の復旧など	1,500	3.0	
2. 各種施設の復旧と防災対策	34,500	68.6	
(1) インフラ復旧	14,000	27.8	阪神高速道路、上下水道、電気
(2) 神戸港等の復旧・整備	6,700	13.3	
(3) 耐震性向上対策	4,700	9.3	橋梁等公共施設、官庁施設
(4) 復興土地区画整理事業	2,900	5.8	
(5) 瓦礫処理	1,700	3.4	
(6) 2 次災害防止対策	1,100	2.2	地すべり、がけ崩れ対策
(7) その他	3,400	6.8	地方交付税交付金の追加
3. 経済復興のための施策	3,200	6.4	
(1) 中小企業対策など	2,200	4.4	
(2) 農林水産関係施設復旧	900	1.8	
(3) 雇用の維持・失業防止	100	0.2	
合　計	50,200		

資料：総理府阪神・淡路復興対策本部事務局『阪神・淡路大震災復興誌』2000 年より作成。94 年度予備費、94 年度補正予算から 99 年度予算及び第 2 次補正予算まで。四捨五入により百億円単位としており、各項目の合計と総額は一致しない。

表７　神戸市の震災関連事業費

	億円	%
生活支援	1,827	6.6
復興対策	17,441	63.1
災害復興	8,366	30.3
合　計	27,634	

資料：神戸市『平成 16 年度予算の概要』より作成。94 年度決算から 2004 年度予算まで。

表６　兵庫県の阪神・淡路大震災関連予算

	億円	%
1. 生活救援対策	4,964	12.1
(1) 緊急対策	867	2.1
(2) 仮設住宅対策	1,907	4.6
(3) 生活支援対策	257	0.6
(4) 経済支援対策	1,933	4.7
2. 公共施設等の早期復旧対策	3,835	9.3
(1) 県立施設費	3,122	7.6
(2) 民間施設費	713	1.7
3. 復興対策	32,219	78.5
(1) 総合企画	119	0.3
(2) 住宅復興	4,103	10.0
(3) 福祉・医療・文化	2,355	5.7
(4) 都市基盤復興	8,514	20.8
(5) 産業復興	13,735	33.5
①商工対策	13,682	33.4
②労働対策	53	0.1
(6) 防災対策	3,394	8.3
合　計	41,018	

資料：兵庫県阪神・淡路大震災復興本部総括部復興推進課 94 年度専決、94 年度２月補正から 2004 年度当初予算まで。

注：以上の予算外に 95 年度当初予算の阪神・淡路大震災復興基金への貸付金 4,000 億円、96 年度２月補正での追加分 2,000 億円の合計 6,000 億円がある。これらを含めると、総計 47,018 億円となる。

野田　どうも長い時間ありがとうございました。閉会の前にひとこと、実は毎日新聞社から災害一〇年でということで、四月から寄贈講座を頂きました。四年間に渡って阪神・淡路大震災を関西学院大学で週一回、市民公開講座として開きます。今日のような形で三宮に近いところの大学がやった方が場所的には良いかも知れませんが、神戸から東の方になる関西学院大学でやります。寄附講座は、この日のシンポジウムを延長するような形で、震災の中で学んだことを、市民が教訓化し、いろいろ話をする。そういう場として「災害救援学」講座を作っていきたいと思っています。つまり、幻の虹を勉強させる講座ではなくて、一〇年間の中で私は何を見たかということを語れる講座にしていきたいと思います。今回のシンポジウムはその第一回のつもりでした。どうもありがとうございます。

※このりぶれっとは、二〇〇五年一月一八日、神戸にて開催された国連防災世界会議パブリックフォーラム　公開シンポジウム「いま、被災者救援のために」の記録を補正したものです。

【著者紹介】

野田正彰（のだ・まさあき）
1944 年生まれ。関西学院大学教授。比較文化精神医学。

青木しげゆき（あおき・しげゆき）
1956 年生まれ。特定非営利活動法人神戸の冬を支える会事務局長。

伊佐秀夫（いさ・ひでお）
1951 年生まれ。医療法人社団クリニック希望所長。

池田　清（いけだ・きよし）
1947 年生まれ。下関市立大学経済学部教授。

K.G. りぶれっと No.10
災害救援の視点——神戸市長田区から世界へ

2005 年 9 月 20 日初版第一刷発行

著　者　野田正彰・青木しげゆき・伊佐秀夫・池田 清
発行者　山本栄一
発行所　関西学院大学出版会
所在地　〒 662-0891　兵庫県西宮市上ケ原一番町 1-155
電　話　0798-53-5233

印　刷　協和印刷株式会社

Printed in Japan by Kwansei Gakuin University Press
ISBN 4-907654-76-6

http://www.kwansei.ac.jp/press

関西学院大学出版会「K・G・りぶれっと」発刊のことば

大学はいうまでもなく、時代の申し子である。

その意味で、大学が生き生きとした活力をいつももっていてほしいというのは、大学を構成するもの達だけではなく、広く一般社会の願いである。

研究、対話の成果である大学内の知的活動を広く社会に評価の場を求める行為が、社会へのさまざまなメッセージとなり、大学の活力のおおきな源泉になりうると信じている。

遅まきながら関西学院大学出版会を立ち上げたのもその一助になりたいためである。

ここに、広く学院内外に執筆者を求め、講義、ゼミ、実習その他授業全般に関する補助教材、あるいは現代社会の諸問題を新たな切り口から解剖した論評などを、できるだけ平易に、かつさまざまな形式によって提供する場を設けることにした。

一冊、四万字を目安として発信されたものが、読み手を通して〈教え―学ぶ〉活動を活性化させ、社会の問題提起となり、時に読み手から発信者への反応を受けて、書き手が応答するなど、「知」の活性化の場となることを期待している。

多くの方々が相互行為としての「大学」をめざして、この場に参加されることを願っている。

二〇〇〇年　四月